LA
CLEOPATRE
DE
BENSSERADDE
TRAGEDIE.

Dediée à Monseigneur l'Eminentissime Cardinal
Duc de Richelieu.

A PARIS,

Chez ANTOINE DE SOMMAVILLE, au Palais dans
la petite Salle à l'Escu de France.

M. DC. XXXVI.

AVEC PRIVILEGE DV ROY.

A

MONSEIGNEVR
L'EMINENTISSIME
CARDINAL DVC
DE RICHELIEV.

MONSEIGNEVR,

Quand on verroit Cleopatre dans le plus fuperbe appareil du monde, qu'elle vous viendroit trouuer dans vn vaiffeau d'argent à rames
d'or, & à voiles de pourpre, comme lors qu'elle
vint en Cilicie brauer vn Empereur, & corrompre l'integrité d'vn Iuge dont elle fe fit vn amant:
quand dis-ie, elle brilleroit de l'éclat de mille

ã

perles plus riches, & plus precieuses que celle qui composa toute seule vn festin dont la magnificence effaça le luxe, & la somptuosité de tous ceux qu'auoit faits Marc-Antoine, elle auroit encore quelque chose à desirer pour se rendre digne de vous estre presentée, & vne simple nudité ne luy seroit pas moins auantageuse que tous ces beaux ornemens. La nature des choses que l'on vous consacre doit estre tout à fait excellente, ou si elle a quelques deffauts, il est besoin qu'ils soient comme cachez, & enseuelis dans l'excellence de l'art, c'est à dire que les victimes qu'on vous immole doiuent estre parfaitement pures, ou extremement parées. De moy ie vous auouë icy ingenümét que ie ne mécognoy pas moy-mesme, & que ie ne sçay si c'est zele, ou temerité qui me fait entreprendre de vous offrir si peu de chose auec tant d'assurance, aprés que les plus doctes Genies ont tremblé en pareille occasion, & ont crû vous dédiant leurs ouurages qui auoient esté adorez de tout le monde, que c'estoit peu de sacrifier mesme des idoles à vne diuinité. Mais ie passe par dessus toute sorte de considerations, pour vous suplier tres-humble-
ment

ment de proteger mon Egyptienne, elle est si foible, qu'elle ne peut pas subsister d'elle-mesme,
& ce seroit assez pour la faire tomber que de ne
la pas soutenir. Comme la médisance, & l'enuie
sont deux monstres qui n'épargnent que ce qu'ils
ne cognoissent pas, ie ne fay point de douté qu'ils
n'attaquent Cleopatre, & qu'il ne s'élance contre elle plusieurs Aspics dont les piqueures luy
pourront estre beaucoup plus dangereuses que
celles du premier qui luy conserua l'honneur
aux dépens de la vie, mais vous l'en garentirez,
Monseigneur, vous la ferez viure, & vostre seul
nom fera pour la gloire de cette pauure Reine
ce que le ieune Cesar ne pût faire pour son propre triomphe.

Ie suis,

MONSEIGNEVR,

DE VOSTRE EMINENCE,

Le tres-humble, tres-obeïssant,
& tres-fidelle seruiteur,
DE BENSSERADDE.

SONNET.

Pour Monseigneur l'Eminentissime Cardinal Duc de Richelieu.

CLEOPATRE parle.

IE reuiens des enfers d'vne démarche graue,
Non pour suiure les pas d'vn Cesar, mais d'vn Dieu,
Ce que ie refusois de faire pour Octaue,
Ma generosité le fait pour Richelieu.

Qu'il triomphe de moy, qu'il me traitte en esclaue,
Rien ne peut m'empescher de le suiure en tout lieu,
Et le char d'vn vainqueur si puissant, & si braue
Merite qu'vne Reine en soutienne l'essieu.

Ha! grand Duc, si le maistre, & d'Antoine, & de moy,
Eut eu les qualitez que l'on remarque en toy,
Et ces rares vertus dont l'éclat te renomme,

I'aurois plutost choisi les fers que le tombeau,
Ouy, i'aurois voulu viure, & la superbe Romme
Auroit veu Cleopatre autrement qu'en tableau.

A MONSIEVR DE BENSSERADDE.
sur sa Cleopatre.
EPIGRAMME.

CLeopatre autrefois à l'amour asseruie
Par le coup d'vn aspic voulut finir son sort,
Et ta sçauante main luy donne vne autre vie
Qui la va garentir d'vne seconde mort.

P. ROLLET.

Extraict du Priuilege du Roy.

PAR grace & priuilege du Roy en datte du vingt-deuxiesme iour de Feurier mil six cents trente-six, signé par le Roy en son Conseil Chappelain, il est permis au sieur Isaac de Bensseradde Escuyer, de faire imprimer vne Tragedie de sa composition, intitulée CLEOPATRE, ou à ceux qui auront droict de luy, & deffences sont faites à tous autres Libraires & Imprimeurs de contrefaire ledit Liure, ny en vendre ou distribuer d'autres que de ceux qu'aura fait faire ledit sieur de Bensseradde, ou ceux qui auront droict de luy, & ce durant le temps & espace de neuf ans, à compter du iour que ledit Liure sera acheué d'imprimer, à peine de trois mil liures d'amende, & de tous despens dommages & interests, ainsi qu'il est plus au long dans lesdites Lettres.

Et ledit sieur de Bensseradde a ceddé, & transporté le susdit Priuilege à ANTOINE DE SOMMAVILLE, marchand Libraire à Paris, pour iouyr par luy dudit Priuilege le temps y mentionné suiuant l'accord fait entr'eux.

Acheué d'imprimer le 29. iour de Mars 1636.

é iij

PERSONNAGES.

MARC-ANTOINE,	Triumuir.
LVCILLE,	Son amy.
DIRCET, & autres gardes d'Antoine.	
CLEOPATRE,	Reine d'Egypte.
ERAS,	
CHARMION,	Ses confidentes.
CESAR le ieune,	Triumuir.
AGRIPPE,	Son Lieutenant.
EROS,	Affranchy d'Antoine.
EPAPHRODITE,	Affranchy de Cesar.
Suitte de CESAR.	

La Scene en Alexandrie.

CLEOPATRE
TRAGEDIE.

ACTE PREMIER.
SCENE I.

M. ANTOINE. LVCILE. DIRCET, &
autres gardes d'Antoine.

ANTOINE.

Rouue-tu ma misere à quelque autre com-
mune?
Ne puis-je pas sans peur deffier la fortune?
Peut-elle estre plus rude, et peut-elle inuenter
De nouuelles façons, de me persecuter?
Encore vn coup, Lucile, en l'estat deplorable
Où m'a reduit le Ciel, suis-je recognoissable?
Vn mortel pourroit-il, sans se trouuer confus,
Voyant ce que ie suis croire ce que ie fus?
Diroit-on qu'on m'a veu plus craint que le tonnerre?

A

LA CLEOPATRE

Qu'on a veu dans ces mains la moitié de la terre?
Et cet ingrat Cesar qui me tient assiegé,
Diroit il que ce bras autresfois l'a vangé?
Qu'il a vangé son Oncle, et que Brute, et Cassie
Ont pour s'en échaper leur trame racourcie,
Que ces cœurs genereux dans un commun malheur,
Pour euiter mon bras ont eu recours au leur?
Helas leur desespoir vaut mieux que mon attente!

LVCILE.

Ce sont traits de fortune.

ANTOINE.

Ha qu'elle est inconstante!
Voy comme elle a changé, tout viuoit sous ma loy,
Ie pensois que le Ciel fut au dessous de moy,
Mais les dieux aux plus grands font voir qu'ils ont des
    maistres,
I'auois lors des amis, ie n'ay plus que des traistres,
Ils estoient assidus à me faire la cour,
Ie n'estois iamais seul, ny la nuict, ny le iour,
Maintenant on me quitte, et de tout ce grand nombre
Pas un seul ne me reste, à peine ay-je mon ombre,
Cependant ta pitié console mon destin,
Ton fidelle secours me suit iusqu'à la fin,

Ton amitié subsiste, et c'est ce qui m'étonne,
Tu hais qui me trahit, tu fuis qui m'abandonne,
Tu ne t'éloignes point de mon sort rigoureux,
Sans toy ie me dirois tout à fait malheureux.

LVCILE.

Ie serois bien ingrat.

ANTOINE.

Moins que cette inhumaine
Qui trahit ma fortune, et qui cause ma peine,
Cruel ressouuenir de mes vieilles douleurs!
Cleopatre, Lucile, a fait tous mes malheurs,
Ses yeux sont les autheurs des maux dont ie souspire,
Ils m'ont fait leur esclaue, & m'ont coûté l'Empire,
Depuis que leur éclat a changé mon bonheur,
Pour auoir trop d'amour, ie n'ay plus eu d'honneur,
I'ay méprisé la gloire, & i'ay pris l'habitude
D'aymer la liberté moins que la seruitude,
Et depuis qu'auec moy Cleopatre a vescu,
Ie n'ay fait des combats que pour estre vaincu:
Tu sçais comme autrefois peu jaloux de ma gloire
Pour suiure ses vaisseaux ie quittay la victoire,
En ce combat naual où ie fus surmonté,
Où Cesar ne vainquit que par ma lâcheté;

A ij

LA CLEOPATRE

Ie la vis qui fuyoit, mon ame en fut atteinte,
Et ie fis par amour ce qu'elle fit par crainte,
Sur le front de mes gens on vid la honte agir,
L'amour qui m'aueugloit m'empefcha d'en rougir,
Apres ce des-honneur pas vn ne voulut viure,
Le plus lâche aymà mieux mourir que de me fuiure,
Et la mer fous nos pieds rougit de toutes parts
De la honte du Chef, et du fang des foldarts.

LVCILE.

Si depuis qu'à fes yeux voftre ame eft afferuie
Tous vos faits ont terny l'honneur de voftre vie,
Si voftre fort changea quand fon œil vous furprit,
Accufez fon vifage, et non pas fon efprit,
„ Quand le fubtil apas d'vne beauté nous bleffe
„ Nous ne fommes vaincus que par noftre foibleffe:
Chaffez de voftre efprit ces iniuftes foupçons,
Le fort vous perfecute en affez de façons;
La Reine vous trahit?

ANTOINE.

Ouy me trahit, Lucile,
De tous mes ennemis elle eft la plus fubtile,
Bien que ceux qui m'aymoient fe retirent de moy,
Bien que ie trouue en eux des manquemens de foy,

Et

Et qu'ils me faſſent voir leur eſprit infidelle,
Ie n'en murmure point, ie ne me plains que d'elle,
Tous mes autres malheurs m'ont en vain combatu,
I'ay dans mon infortune exercé la vertu;
Mais me voir lâchement trahy de Cleopatre,
C'eſtoit là le ſeul coup qui me pouuoit abatre.

LVCILE.

Trahy d'elle? et comment?

ANTOINE.

      Par des vœux complaiſans,
S'entendre auec Ceſar, luy faire des preſens,
Luy prêter contre moy le ſecours de mes armes,
Employer pour luy plaire, et ma vie, et ſes charmes,
N'eſt-ce pas me trahir? n'eſt-ce pas iuſtement
Prouoquer la fureur d'vn miſerable amant?
Que Ceſar m'ait vaincu ſur la terre, et ſur l'onde,
Qu'il diſpoſe tout ſeul de l'Empire du monde,
Qu'il m'ait fait mille affronts, et qu'il ait oublié
L'honneur que ie luy fay d'eſtre ſon allié,
Que ie ſouffre l'effet de ſa haine ancienne,
Qu'il ait accreu ſa gloire aux dépens de la mienne,
Ce n'eſt point pour cela que ie luy veux du mal,
I'ayme ꝺn ennemy, mais ie hay mon Riual;

B

LA CLEOPATRE

Et ceſt ce qu'aujourduy mon bras luy veut aprendre
En ce dernier combat qu'il nous faut entreprendre :
Aſſez proche du port mes vaiſſeaux ſe ſont mis,
Et ſont preſts de ſe ioindre aux vaiſſeaux ennemis,
Le reſte de mes gens échapé de l'orage
Doit combatre ſur terre, et borde le riuage,
I'eſpere que ſur l'vn de ces deux elemens
Mes armes trouueront d'heureux euenemens,
Il faut que ie ſuccombe, ou que Ceſar recule.

LVCILE.

Ce beau deſſein vous rend digne du ſang d'Hercule.

ANTOINE.

En fin ie veux, Lucile, en ce dernier effort
Ou gagner, ou me perdre, eſtre vainqueur, ou mort,
Si le ſort me pourſuit ie pourray me reduire
Au point où ſa rigueur ne me ſçaura plus nuire.

LVCILE.

Je vous ſuiuray par tout, les hommes genereux
„ Sçauent bien n'eſtre plus quand ils ſont malheureux.

DIRCET.

En ce noble deſſein où l'honneur vous engag.

Nous ferons voir aussi des effets de courage,
Et quoy que tout vous quitte en ce malheur commun,
Cent se perdront encor pour en conseruer vn.
Mais i'aperçoy la Reine.

ANTOINE.

A l'aspect de ses charmes
Quel iuste desespoir ne mettroit bas les armes?
Quand ie voy sa beauté qui trouble ma raison,
Ie ne puis soupçonner son cœur de trahison,
Ie ne sçaurois penser qu'il me soit infidelle,
Et ie croy qu'elle m'ayme, à cause qu'elle est belle.

SCENE II.

CLEOPATRE. ANTOINE. LVCILE. ERAS. CHARMION. DIRCET,
& autres gardes.

CLEOPATRE à Antoine.

Vez-vous resolu de sortir aujourduy
Pour cōbler tous mes sens de frayeur, et d'ennuy?
Seigneur, considerez les dangers de Bellonne,

LA CLEOPATRE

Songez que sa fureur ne respecte personne,
Que sa rage est aueugle au milieu du combat,
Et qu'elle traite vn Roy comme vn simple soldat,
Ne seruez point d'object à sa brutalle enuie,
Demeurez en repos, conseruez vostre vie,
Et qu'vn autre que vous, prodigue de son sang,
Dans les ocasions ocupe vostre rang,
Qu'il combatte sans vous, s'il gagne la victoire
Il en aura la peine, et vous aurez la gloire.

ANTOINE.

La guerre est l'exercice où mes bras sont vieillis,
Et ie hay les lauriers que ie n'ay pas cueillis,
Il faut vaincre aujourduy l'ennemy qui s'obstine,
Et renuerser l'espoir basty sur ma ruine,
Le démon de Cesar a triomphé du mien,
Et mon superbe Empire est maintenant le sien,
Auecque le secours des puissances celestes
Nous en conseruerons les miserables restes:
Ou si le Ciel, ma Reine, est contraire à mes vœux,
Vous gagnerez beaucoup perdant vn malheureux,
Et le coup de ma mort vous rendra soulagée
De l'inutille faix dont vous estes chargée:
Je ne me trouue plus digne de vous seruir,

Ien'ay

Ie n'ay plus rien en moy qui vous puiſſe rauir,
Nud, delaiſſé, trahy, n'ayant plus rien d'illuſtre,
Et mon peu de merite ayant perdu ſon luſtre,
Autrefois i'eſtois Prince, et ma condition
Méloit dans mes deffaux quelque perfection,
Maintenant que ie ſuis ſans ſuport, et ſans aide,
Priué de mes grandeurs, aimez qui les poſſede,
Que vos yeux ſur Ceſar faſſent vn doux effort,
Et qu'il ſoit bienheureux, pourueu que ie ſois mort,
Que mon bien ſoit pour luy, faites qu'il en herite,
S'il n'a pas tant d'amour il a plus de merite,
Son bonheur, et le mien naiſtra de mon trepas,
Il vous poſſedera, ie ne le verray pas.

CLEOPATRE.

Es-tu las de ma vie, et quand ie ſeray morte
Verras-tu mieux, cruel, l'amour que ie te porte?
Contre nos ennemis iray-je me ietter?
Suiuray-je le deſſein que ie te veux oſter?
Tu verras ſi ie t'ayme, et ſi ie te reſpecte,
Ouy ie veux ceſſer d'eſtre, ou de t'eſtre ſuſpecte.

ANTOINE.

Viuez, et que le Ciel change vos maux en biens,
Que vos iours ſoient heureux, et plus longs que les miens.

C

CLEOPATRE.

Voſtre ſoupçon iniuſte eſt contraire à l'enuie
Que vous ſemblez auoir de prolonger ma vie,
Et ceſt là m'impoſer vne trop rude loy
De vouloir que ie viue, et douter de ma foy.
Quoy donc vous preſumez qu'vne ardeur déloyalle
S'allume comme ailleurs dans vne ame royalle?
Quoy les maux que ie ſouffre, et ceux que i'ay ſoufferts,
L'honneur que i'ay perdu, le ſceptre que ie perds
Ne vous aſſurent pas que ie ſuis demeurée
Dans la fidelité que ie vous ay iurée?

ANTOINE.

Ha ce diſcours me donne vn remords eternel!
Icy l'acuſateur eſt le plus criminel,
Ie ſouffre iuſtement ce reproche homicide,
Et vous faites ingrat qui vous faiſoit perfide,
La iuſtice a formé voſtre acuſation,
Et la mienne merite vne punition:
Vous n'auez iamais mis d'obſtacle à ma victoire,
Et noſtre amour n'eſt point le tombeau de ma gloire,
J'ay perdu mon Empire, hé bien ceſt vn malheur
Qu'il faut attribuer à mon peu de valeur,
Il en faut acuſer les ſubtiles amorces.

Qu'a pratiqué Cesar à corrompre mes forces,
I'auois beaucoup d'amis qui marchoient sur mes pas,
Depuis i'ay recognu que ce n'en étoit pas,
Et dans la lâcheté de leur fuite commune
Qu'ils étoient seulement amis de ma fortune ;
Mais croire que mon cœur m'ait mis à l'abandon,
Cest commettre vne offence indigne de pardon,
Et ie suis criminel d'auoir osé me plaindre
D'vn mal que nostre amour deût m'empécher de crain-
    dre,
Et puis quand mon malheur viendroit de vos apas,
Ie serois malheureux, si ie ne l'estois pas.

LVCILE.

Nous tardons bien long-temps.

ANTOINE continuë.

        Mais vostre foy m'assure,
Mon soupçon vous offence, & luy fait vne iniure,
Et quand ie souffrirois vn tourment infiny,
Ma peine seroit douce, et mon crime impuny.

LVCILE tout bas.

Qu'vne femme aisement le seduict, & l'abuse !
Absente, elle est coupable, & presente, il s'acuse.

LA CLEOPATRE

CLEOPATRE.

Puis qu'vn iuste remords vous reduit à ce point,
Pour voftre châtiment ne m'abandonnez point,
Ne voyez le combat que des tours de la ville,
Et laiſſez au fourreau voſtre fer inutille,
Que ſans vous noſtre armée acheue ſon deſſein,
Et ſoyez en le chef ſans en eſtre la main.

ANTOINE.

S'il eſt vray qu'vn grand cœur quand ſa faute eſt punie
Souffre moins dans le mal que dans l'ignominie,
Si pour la ſeule honte vn ſuplice eſt affreux,
Le mien ne pouuoit pas eſtre plus rigoureux:
Cefar ſera vainquéur ſans que ce bras l'affronte?
Il rougira de ſang, ie rougiray de honte?
Ceſt icy le dernier de nos ſanglants combas,
Et ie ſeray viuant, & ie n'y mourray pas?
Le Ciel verra ma main rebelle à mon courage,
Et ſans me ſecourir ie verray mon naufrage?
Faut-il qu'abandonnant la generoſité,
Ma derniere action ſoit vne lâcheté?
Mon cœur n'affecte plus cette grandeur ſuprême,
Ma honte ceſt ma gloire, et pour tout dire, i'ayme.

LVCILE

LVCILE tout bas.

Qu'amour en peu de temps rend vn cœur abatu,
Et que ce puiſſant vice affoiblit la vertu!

ANTOINE à Lucile.

Tu vois que mes projets ſont reduits en fumée,
Lucile, prends le ſoin de conduire l'armée,
Puis que cette beauté qui me tient ſous ſa loy
Veut encore épargner ce qui n'eſt plus à moy:
Cependant que mes yeux admireront ſes charmes,
Fay ce que ie doy faire, anime nos gendarmes,
Et ſi mon exercice en ce temps leur déplaiſt,
Qu'ils ſoient victorieux pour leur propre intereſt,
Antoine abſolument poſſede Cleopatre,
N'ayant plus à gagner, il n'a plus à combatre.

LVCILE.

Eſt-ce là le moyen de diſputer ſa mort?
Sans vous pourrons nous faire vn genereux effort?
Comment ſoutiendrons-nous le coup de la tempeſte?
Que pourra faire vn corps qui n'aura point de teſte?
Vous me pardonnerez, ſi mon cœur librement
Dans nos preſſans malheurs vous dit ſon ſentiment,
Quoy voulez-vous encore aux yeux de tout le monde

D

LA CLEOPATRE

Estre oisif sur la terre, & fugitif sur l'onde?
Continuez l'honneur de vos premiers explois,
Vostre seul nom iadis fit trembler tant de Rois,
Vous auez attaqué celuy qui vous affronte,
Et vous auez vaincu celuy qui vous surmonte;
Suiuez vos grands desseins, tâchez de resister,
Dans vostre malheur mesme on vous peut redouter:
Si Madame est l'objet dont vostre ame est rauie,
Vous deuez conseruer son sceptre, & vostre vie,
Vous voyez que Cesar l'assiege auec ardeur,
Faut-il que sa beauté ruine sa grandeur?
Et luy pouuez vous dire en vostre amour extréme,
Ie ne vous deffends point, parce que ie vous aime?
Que ce cœur où la gloire établit son sejour
Fasse d'vne molesse vn genereux amour:
Vne mort au combat peut borner vostre peine
Belle pour vn amant, digne d'vn Capitaine,
Nous mourrons à vos pieds deuant que le destin
Fasse de vostre vie vn glorieux butin,
Et pour moy ie mourray plus content que tout autre,
Si mon sang à l'honneur de se mesler au vostre.

ANTOINE.

Vn discours prononcé si genereusement

Ne peut-il reuoquer voftre commandement?
Ma Reine, permettez fans ternir ma loüange,
Que ce bras vous deffende, & que ce bras me vange.

CLEOPATRE.

Malgré moy i'y confens, à la charge, Seigneur,
Que vous refroidirez cette boüillante ardeur;
Ne vous engagez point dans le peril des armes,
Epargnez voftre fang pour épargner mes larmes.

ANTOINE la baifant.

Ce baifer fecondé d'vn feul de vos regars
Me peut faire aujourduy vaincre mille Cefars.

SCENE III.

CLEOPATRE. ERAS. CHARMION.

CLEOPATRE.

Doux apuy de mes iours, fidelles confidentes,
A qui mes paffions font toutes euidentes,
Et de qui l'amitié partage mes ennuis,
Helas que doy je faire en l'état où ie fuis!
Ma couronne chancelle, & Cefar ne refpire
Que de voir mes Etats vnis à fon Empire;

D ij

LA CLEOPATRE

Le Tibre eſt ſur le point de commander au Nil,
Si mon fidelle amant n'empeſche ce peril,
Mais ceſt là le ſurcroiſt de ma peine ſoufferte,
Je crains plus ſon danger que ie ne crains ma perte,
Et ie me voy reduite à cet étrange point
Que ie veux reſiſter ne me deffendant point ;
Et cependant il croit que ie luy ſuis traitreſſe,
Et que ſon ennemy luy rauit ſa maitreſſe,
Son eſprit défiant ſe peut l'imaginer.

ERAS.

Madame, il a raiſon de vous en ſoupçonner.

CLEOPATRE.

Que dites-vous?

ERAS.

　　　　　　　　Il ſçait que ſa maitreſſe l'aime,
Mais croit-il voſtre cœur ennemy de ſoy-meſme?
Que ſans le ſoulager vous puiſſiez vous trahir,
Et que pour trop l'aimer, vous deuiez vous hair?
Dans ce iuſte ſoupçon quelque mal qu'il reſſente,
Il blâme ſa fortune, il vous iuge innocente,
Et ce grand cœur reçoit voſtre infidelité
Comme vne dure loy de la neceſſité.

A ſuiure

,, *A ſuiure noſtre bien nature nous obligeᴖ,*
Croira t'il qu'en vous ſeule elle ait fait vn prodige?
Ce mal tiendra toujours ſon eſprit ocupé,
Et toujours il croira que vous l'aurez trompé:
Donc puis qu'iniuſtement il croit voſtre eſprit traître,
Puis qu'il vous croit perfide, à cauſe qu'il faut l'eſtre,
Et qu'il eſt naturel de trahir en ce point,
Trahiſſez le, Madame, et ne le trompez point.

CLEOPATRE

Ie n'attendois de vous qu'vne amitié fidelle
Qui me fit ſuporter ma fortune cruelleᴖ,
Mais ie voy que mon mal n'en deuient pas plus doux,
Et que mes ennemis m'ayment autant que vous,
Ie tire également le ſujet de mes larmes
De vous par vos conſeils, de Ceſar par ſes armes:
Ie quitterois Antoine, & ce perfide cœur
Trahiroit le merite à cauſe du malheur?
Mon amour periroit comme vne amour commune,
Au naufrage fatal de ſa bonne fortune?
Et la poſterité diroit à nos Neueux,
Antoine fut aymé tandis qu'il fut heureux?
Ha que pluſtoſt les dieux auec le foudre meſme
Arrachent de mon front le royal diadême,

LA CLEOPATRE

Et qu'ils donnent plutoft cent mâitres inhumains
Au fceptre malheureux qui tombe de mes mains!
Que Cefar triomphant brule, facage, pille,
Qu'il foit victorieux iufques fur ma famille,
Qu'il prenne, qu'il vfurpe, et qu'il rauiße aux miens
La puißance, et l'efpoir de r'entrer dans leurs biens.

CHARMION.

Que voftre majefté penfe au doux nom de mere,
Songez à vos enfans.

CLEOPATRE.

Oubliray-je leur pere?

CHARMION.

Mais fi le pauure Antoine eft fenfible à fon mal,
Doit-il pas fouhaiter d'auoir vn tel Riual?
Ce qu'il ne fçauroit faire auec toutes fes armes
Voftre beauté le peut du moindre de fes charmes,
Puniffez donc celuy dont il eft outragé,
Qu'il foit vn peu jaloux, mais tout à fait vangé,
Que Cefar foit vaincu, que vos pays foient calmes,
D'vne œillade amoureufe arrachez luy fes palmes,

Et que vos chers enfans, ce threfor precieux,
Puiffent deuoir la vie, et le fceptre à vos yeux.

CLEOPATRE.

En vain tous vos difcours affaillent ma conftance,
Ils ne pourront iamais forcer ma refiftance;
Vains, & foibles attraits, qui n'auez rien de doux,
Faites des malheureux plutoft que des jaloux.

CLEOPATRE TRAGEDIE.

ACTE SECOND.

SCENE I.

CESAR. AGRIPE. Suitte de Cesar.

CESAR.

Rome, il faut obeyr, cette grandeur suprême
Qui t'éleuoit au Ciel te rabaisse elle mesme,
Ie suis fort de ta force, on ne craint plus que
    moy,
Et ie suis triomphant de toy, mesme par toy:
Tu n'es plus absoluë, & la terre seruille
Ayme mieux adorer vn homme qu'vne ville,
Les dieux tremblans t'ont veuë au dessus des humains,
Et ie tiens ton pouuoir dans mes superbes mains,
Voy par dessus ton nom ma renommée errante,

Et pleure

Et pleure pour iamais ta liberté mourante,
Je ne suis point ialoux de ton repos commun,
Mais la Reine des Rois en doit respecter vn,
Il faut que ie commande aux lieux qu'vn Tybre laue,
Et qu'vn superbe enfant tienne sa mere esclaue,
Que ce vaste vniuers n'obeysse qu'à moy,
Que le Ciel ait des dieux, mais la terre vn seul Roy,
Et ie veux dans ces murs éleuez par Romule
Voir en moy le succez des grands desseins de Iule:
Agripe, dont l'auis n'est iamais reietté,
Fay-ie en ce projet noble vne temerité?

AGRIPE.

En de plus hauts desseins vous n'en pourriés pas faire,
,, Qui peut autant que vous n'est iamais temeraire,
Vos plus forts ennemis en vain ont essayé
De suiure le chemin que Cesar a frayé,
Ils ont tous éprouué dans leur iniuste guerre
Qu'il n'apartient qu'à vous de gouuerner la terre,
Et ces ambitieux qui suiuoient vos projets
S'ils n'étoient morts vaincus, ne viuroient que sujets:
Antoine est le dernier de qui l'orgueil s'obstine,
Et qui veut subsister mesme dans sa ruine;
Mais ce nouueau succés luy fera confesser

F

LA CLEOPATRE

Qu'il vaut mieux n'estre point que de vous offencer,
Son espoir est à bas, sa derniere déroute
Assure vos desseins dans leur superbe route.

CESAR.

Quelque auantage heureux que nous ayons sur luy,
Ie ne fay point de cas du succés d'aujourduy.

AGRIPE

Qu'vn homme soit chery de la bonne fortune,
Sa faueur la plus rare il l'estime commune,
Et qui n'a iamais veu la mer sans Alcyon
N'en gouste point le calme auec affection:
Toutes vos actions sont si pleines de gloire,
Qu'alors que vostre bras vous gagne vne victoire,
Cette felicité ne vous touche pas fort,
Et vous la receuez comme vn tribut du sort:
Qui d'vn si beau destin ne seroit idolatre?
Gagner tout sans rien perdre, et vaincre sans combatre.

CESAR.

Mets-tu cette victoire en vn illustre rang?
Ie l'estimerois plus m'ayant cousté du sang,
Antoine reste seul, que peut-il entreprendre?
Ie surmonte celuy qu'on ne veut pas deffendre,

Je n'eusse rien gagné, s'il n'eust esté hay,
Ie suis victorieux, parce qu'il est trahy,
La lâcheté, le vice a fait que ie dispose
D'vn fruict de ma valeur, et du droit de ma cause,
L'on ne me vid iamais depuis que i'ay vescu
Deuoir vne victoire au malhenr du vaincu,
I'ay regret dans la peine où nous le voyons viure
De voir des seruiteurs le quitter pour me suiure,
J'acuse malgré moy leur deffaut d'amitié,
Pres d'eux, il m'est suspect, sans eux, i'en ay pitié,
Dans sa condition ie plains le sort des mâitres,
Ceux qu'il a fait ingrats, ma vertu les fait trâitres.

AGRIPE.

„ Ce n'est point ressentir vn courage abatu
„ De trahir le peché pour suiure la vertu :
Deuant qu'vne molesse eut fait leur mâitre infame,
Quand il aimoit la gloire, et non pas vne femme,
Lors qu'Antoine piqué d'vn desir genereux
Faisoit le Capitaine, & non pas l'amoureux,
Sa vaillance eut rendu leur fuitte illegitime,
Le trahir en ce temps c'eut esté faire vn crime :
Mais depuis qu'oubliant ses generositez
Ce grand cœur s'est perdu dedans les voluptez,

LA CLEOPATRE

Pas vn d'eux n'a voulu paroiftre fon complice,
Suiure fes pas honteux c'eftoit fuiure le vice,
Quand ils feruoient Antoine il en eftoit loüé,
Ils feruoient la vertu dont il eftoit doüé:
Depuis l'ayant bannie en l'ardeur qui le preffe
Ces dignes feruiteurs ont fuiuy leur mâitreffe,
Ils ont veu qu'à vous feul leur feruice étoit dû,
Qu'ils retrouuoient en vous ce qu'Antoine a perdu,
Ils fçauent que le Ciel ne peut fouffrir vn trâitre,
Mais pour ne l'eftre plus ils font contraints de l'eftre,
Et n'ont pas creu commettre vne infidelité
Abandonnant celuy que les dieux ont quitté.

CESAR.

„ Le fort qui d'vne palme abfolument difpofe
„ Ne fauorife guere vne mauuaife caufe,
„ Et quelque different qu'en ce point on ait eu,
„ La fortune s'entend auecque la vertu:
Auffi fon changement qui caufe tant de larmes
Ne fut iamais contraire au fuccés de mes armes
Dans le iufte deffein qui m'anime le cœur
De punir ce fuperbe, & de vanger ma fœur,

AGRIPE.

Puis que fa bonne humeur trauaille à voftre gloire,
Il faut

Il faut iusqu'à la fin pourſuire la victoire,
Antoine eſt abatu, mais ce fier ennemy
Puis qu'il reſpire encor, n'eſt défait qu'à demy,
Ceſt vn Cerf aux abois qu'vn grand coup doit atteindre,
Ceſt dans ſon deſeſpoir qu'il eſt le plus à craindre,
„ La fortune releue, & la force, & le cœur,
„ Et d'vn deſeſperé ſouuent fait vn vainqueur,
„ Ceux qui ſentent du ſort la derniere tempeſte
„ Montent par vn effort du precipice au faiſte,
„ Et ſouuent que le ſort fauoriſe leur jeu,
„ Ils hazardent beaucoup, & ne gagnent pas peu.
Aſſurez voſtre gloire, elle en ſera moins belle,
Si de ces feux étaints il reſte vne étincelle,
„ Vn ennemy, Ceſar, nous eſt toujours fatal,
„ Quelque foible qu'il ſoit il peut faire du mal,
Antoine eſt en ce rang, vous le deuez détruire,
Ou le mettre en état de ne vous pouuoir nuire.

CESAR.

J'aprouue ce conſeil dont l'execution
Eſt vn des plus grands points de ta commiſſion.

AGRIPE.

Vous m'honorez beaucoup.

G

LA CLEOPATRE

CESAR.

Presse, & force à se rendre
Cette ville en état de ne se plus deffendre,
Si son peuple affoibly veut faire le mutin,
Signale de son sang ton glorieux butin,
Raze les beaux Palais de ces riches Monarques
Qui sont de leur grandeur les plus superbes marques,
Que cette nation ressente mon courroux,
Le vainqueur soit cruel, si le vaincu n'est doux,
Que rien de mes soldats n'échape la furie,
Et qu'on cherche la place où fut Alexandrie.

SCENE II.

ANTOINE. LVCILE.

ANTOINE.

PErfide, cœur ingrat, par ce dernier effort
Enfin ta trahison a conspiré ma mort,
En fin mon desespoir contente ton enuie,
Antoine est ruiné, ta haine est assouuie,
Tu cheris l'infortune où mes iours sont reduis,
Et tu m'as voulu voir malheureux, ie le suis,
Le sort ne me voit plus que d'vn œil de colere,

Et ie suis, déloyale, en état de te plaire:
Ayme Cesar, ingrate, & crains de l'offencer,
Cruelle, étouffe-moy, pour le mieux embrasser:
Tu me viens de trahir sur l'onde, & sur la terre,
Tu luy viens de liurer tous mes hommes de guerre,
Et tu leur as fait perdre en violant ta foy
Le dessein qu'ils auoient de mourir auec moy,
Tu me trahis, tu fais qu'un Riual me surmonte,
Et tu rends ton Cesar superbe de ma honte;
Mais le mal qui me touche auec plus de rigueur,
Tu m'ostes l'esperance en luy donnant ton cœur:
Pour plaire à ton dessein que les enfers detestent,
Tu luy deuois liurer ces armes qui me restent,
Le sort quoy qu'inhumain n'a pû s'en assouuir,
Si peu qu'il m'a laissé tu le deuois rauir,
Aussi cognois-tu bien dans ma misère extrème
Que ie suis seulement armé contre moy-mesme,
Et que ie ne veux pas faire ioindre à Cesar
L'honneur de ma deffaite aux pompes de son char,
Dans la fin de mes iours son triomphe s'acheue,
Ma mort borne sa gloire, & ma chûte l'éleue.

LVCILE.

„ *La fortune est contraire aux projets les plus saints,*

Et puis qu'elle n'a pas secondé vos desseins,
Dans la condition qui vous rend deplorable
Vne honteuse paix vous seroit honorable,
Qu'on en parle à Cesar.

ANTOINE.

Ha iour infortuné!
Receurois-je d'autruy ce que i'ay tant donné!
Ie me suis veu, Lucile, en ces degrez suprêmes,
D'où nos superbes pieds foulent les diadêmes,
I'ay veu les plus grands Rois prosternez deuant moy,
Enfin ie les ay veus ainsi que ie me voy,
Ma grandeur conseruoit ses orgueilleuses marques,
Parmy mes courtisans ie contois des Monarques,
I'estois de leur pouuoir le plus ferme soutien,
Leur thrône estoit vn pas pour monter sur le mien,
Le seul bruit de mon nom faisoit trembler la terre,
I'estois le seul arbitre, & de paix, & de guerre,
I'estois deuant Cesar ce qu'il est aujourduy,
L'on receuoit de moy ce que i'attens de luy :
I'ay méprisé sa sœur ma legitime épouse
Afin de n'en pas rendre vne ingrate jalouse,
Le mauuais traittement qu'il voit que ie luy fais
Est vn iuste pretexte à refuser la paix.

LVCILE.

LVCILE.

Il sçait bien apliquer l'honneur d'vne victoire,
Moins il en vsera, plus il aura de gloire.

ANTOINE.

Il veut regner tout seul.

LVCILE.

Qu'il en ait le plaisir,
Et vangez-vous de luy par son propre desir,
Renoncez à la part d'vne grande fortune,
Et que deux portions se reduisent en vne :
Il vous priue d'vn bien que vous deuez quitter,
Il vous oste vn fardeau qu'il ne pourra porter,
Pour vous rendre innocent il se noircit d'vn crime,
Et son ambition vous décharge, & l'opprime :
Qu'il regne seul, qu'au monde il serue seul d'apuy,
Et voyez le gemir d'vn lieu plus bas que luy,
Qu'il soit tout seul en bute aux coups de la tempeste,
Et que le sort pour deux ne frape qu'vne teste,
Qu'on die, abandonnant vn bien qui vous est dû,
Il a quitté l'Empire, & ne la pas perdu ;
Disposez en ainsi cependant qu'il est vostre,
Dérobez cette gloire au triomphe d'vn autre,

H

LA CLEOPATRE

„ *Jl n'eſt rien plus honteux qu'vn ſceptre que l'on perd,*
„ *Qui le quitte eſt plus Roy que celuy qui s'en ſert.*

ANTOINE.

Et bien quand de deux maux i'euiteray le pire,
Quand i'auray dépoüillé ce venerable Empire
Qui fait qu'en mille endroits mon nom eſt reſpecté,
Où trouueray-je apres vn lieu de ſeureté?

LVCILE.

Par tout où l'on verra luire voſtre preſence,
Ne poſſedant plus rien viuez en aſſeurance,
Tel à qui voſtre nom fut jadis en horreur,
Dira plain de reſpect, il fut noſtre Empereur,
Ceſar ſera contraint de ne vous plus pourſuiure,
Ne luy pouuant plus nuire, il vous laiſſera viure.

ANTOINE.

Ne croy point que Ceſar m'exemptaſt du trépas,
Tandis que ie viurois il ne regneroit pas,
Croy plutoſt qu'il ſuiuroit l'ordinaire maxime
Qui fait pour s'établir vne vertu d'vn crime,
Et donnant à ſa gloire vn ſolide ſoutien
Troubleroit mon repos pour aſſeurer le ſien.

LVCILE.

Rendez-vous donc à luy.

ANTOINE.

Je sçauois bien, Lucile,
Que tu ne m'offrirois qu'vn remede inutile,
Et que i'attirerois ton iugement bien sain
A l'aprobation de mon noble deßein:
Puis que tout l'vniuers a conspiré ma perte,
Que le Ciel à mon bien liure vne guerre ouuerte,
Que de tous les malheurs ie suis le triste but,
Et qu'Antoine n'est plus ce qu'autrefois il fut,
Que les dieux à ma perte animent ce qui m'ayme,
Puis que ie suis trahy de Cleopatre mesme,
Et que mon desespoir fait son contentement,
Lucile, il faut mourir, mais genereusement,
Sur moy-mesme ie veux gagner vne victoire,
L'Egypte a veu ma honte, elle verra ma gloire,
Perdre si lâchement ses titres absolus,
Et ceder sa grandeur c'est viure, & n'estre plus,
De tous ces puissans biens qui donnent de l'enuie,
Ie n'en veux aujourduy rien perdre que la vie,
Ie veux que le trepas auecque plus d'horreur
D'vn coup respectueux assaille vn Empereur.

Pourquoy t'eſtonnes-tu? la mort eſt ſi commune,
Ie dois à la nature, & paye à la fortune,
Ceſar n'eſt pas exempt de ce deuoir humain,
Et ie fais aujourduy ce qu'il fera demain.
Allons finir mes maux, ne pleure point, Lucile,
Pour vne ſeule mort tes pleurs m'en donnent mille.

SCENE III.

CLEOPATRE. Ses filles. DIRCET.

CLEOPATRE à Dircet.

Comment on la trahy?

DIRCET.

Que voſtre majeſté
Apprenne le ſuccés de cette lâcheté.
Auſſi toſt que le peuple aſſemblé dans la ville
A veu ſortir Antoine, aſſiſté de Lucile,
On la veu ſans deſſein courir de toutes parts,
Les femmes, les enfans, les plus foibles vieillards
Ont monté ſur les tours afin de voir combatre,
Et du toit des maiſons il s'eſt fait vn theatre.

CLEOPATRE

Nous eſtions dans au Temple, où ie priois les dieux

ii II

De nous

De nous fauoriſer d'vn ſuccés glorieux.

DIRCET.

De ces lieux éleuez le peuple voit ſans peine
Le combat preparé ſur l'vne, & l'autre plaine,
La terre auec horreur couuerte d'eſcadrons,
Le vaſte front des eaux tout coupé d'auirons,
La pouſſiere s'éleue en épaiſſe fumée,
Qui couure tout le gros de l'vne, & l'autre armée,
Et ſous mille vaiſſeaux qui creuent de ſoldas,
L'onde pareſt ſuperbe, en ne paroiſſant pas.
Antoine ſe voyant vne ſi belle flotte
Du riuage l'anime, & luy ſert de pilote,
Puis ſe réjouyſſant de ſa fidelité,
Tout le monde, dit-il, ne nous a pas quité,
Mais ſes yeux pour vn peu flattoient ſon infortune,
La trahiſon des ſiens met deux flottes en vne,
On les voit toutes deux lentement s'aprocher,
L'vne, & l'autre s'embraſſe, au lieu de s'acrocher.

CLEOPATRE.

Dieux quelle perfidie!

DIRCET.

En ce puiſſant orage

I

Antoine reste ferme, il ne perd point courage,
Et sous vn front constant, & plain de grauité
Cache le desespoir de cette lacheté.
Compagnons (il parloit au reste de l'armée)
Cest par icy qu'il faut chercher la renommée,
Cest icy qu'il faut vaincre, ayant bien combatu,
Et qu'il faut que le vice anime la vertu,
Vous voyez les effets d'vn element perfide,
Mais vostre cœur est ferme, & la terre est solide.
Il tient à des poltrons ces genereux propos,
Et deuant qu'il acheue on luy tourne le dos;
Il rentre dans la ville, & cest là qu'il éclate,
Qu'il deteste le sort, qu'il vous appelle ingrate;
Car dans son desespoir qui se fait craindre à tous
Son esprit furieux n'en accuse que vous.
Ie m'en vay le trouuer.

CLEOPATRE.

                    De tout ie suis la cause,
Quoy que d'vn vain bonheur la fortune dispose,
On ne s'en prend qu'à moy quand l'on en est hay,
I'ayme tousiours Cesar lors qu'Antoine est trahy,
De tant de perfidie on m'estime capable,
Et parce que ie souffre on me iuge coupable.

ERAS.

Vous n'estes pas, Madame, icy trop seurement,
Sa fureur pourroit bien pecher innocemment.

CHARMION.

Il faudroit s'éloigner.

CLEOPATRE.

Enuoyons Diomede
L'auertir que la mort est mon dernier remede,
Et que mon cœur n'a pû souffrir son déplaisir,
Ie mourray sans regret s'il en iette vn soûpir,
Ou bien s'il a pour moy quelque flâme de reste,
Qu'il conte ses soûpirs, qu'il obserue son geste,
Et s'il me trouue morte à son heureux retour,
Vn si charmant recit me peut rendre le jour.
Que le bruit de ma mort coure toute la ville,
Ces superbes tombeaux nous seruiront d'asyle,
Et nous transporterons dans ces funestes lieux
Ce que i'ay plus de riche, & de plus precieux.

I ij

CLEOPATRE
TRAGEDIE.

ACTE TROISIEME.

SCENE I.

ANTOINE. EROS.

ANTOINE dans vne chambre &
ses armes sur la table.

Rmes, brillants éclairs des foudres de la
    guerre,
Dont l'éclat redoutable a fait pallir la terre,
Ce n'est plus à ce corps qu'il faut que vous
    seruiez,
Ie veux perdre aussi bien ce que vous conseruiez,
Cleopatre a quitté cette vie importune,
Ce qui vainquit Antoine a vaincu la fortune,
Ma Reine s'est deffaite, & l'on a veu ce iour

La generosité viure où mouroit l'amour,
Ie veux suiuant ses pas signaler ma memoire,
Ie le fis auec honte, & le fais auec gloire.
Cleopatre, vn tel acte estoit digne de vous,
l'en suis moins affligé que ie n'en suis jaloux,
Vne si belle mort me donne de l'enuie,
Et mon œil plutost quelle eût pleuré vostre vie.
Quand mon cœur dans les maux dont mes iours sont
    suiuis
Me vient dire de vous, elle est morte, & tu vis?
Ie respons à ce cœur pour consoler sa peine,
Elle est morte, il est vray, mais elle morte en Reine,
Vostre destin me plaist, ie ne vous pleure point,
Puis qu'vn mesme trepas l'vn à l'autre nous joint,
Ie me plains seulement qu'en imitant le vostre
Ie fonde ma vertu sur l'exemple d'vn autre,
l'ay honte qu'vne femme, estant ce que ie suis
M'enseigne le moyen de borner mes ennuis,
Mais dans vne douleur comparable à la mienne
L'on reçoit du secours de quelque main qu'il vienne,
Et ie croy qu'il vaut mieux n'estre qu'imitateur
D'vne belle action que d'vn vice l'autheur.
Eros, cest maintenant que mon malheur me presse,
Qu'il te faut sur ma vie accomplir sa promesse.

                                                K

Tu m'as promis la mort en ma necessité,
C'est le prix dont tu dois payer ta liberté.

EROS.

Ma liberté me sert de legitime excuse,
Reprenez ma franchise, ou souffrez que i'en vse,
Captif, ie vous promis de vous donner la mort,
Libre, ie m'en retracte, & ne vous fais point tort;
Vous m'auez fait vn bien de m'oster d'esclauage,
Si vous me le laissez, ie le mets en vsage,
Et si vous me l'ostez, ie suis comme i'estois
Déchargé du secours que ie vous promettois;
Vous voulez que ma main dans vostre sang se laue,
Si vous me contraignez ie suis encore esclaue,
L'estant ie ne doy point vous payer du trépas,
Et ie n'achete point ce qu'on ne me vend pas.
Ie ne seray iamais homicide, ny traître
Pour faire mon bonheur du malheur de mon maître,
Que mon corps dans les fers traîne vn sort languissant,
I'y seray bienheureux si i'y suis innocent,
Qu'à vos seueritez ie serue de victime,
Ie souffre sans regret, si ie souffre sans crime.

ANTOINE.

Que de ton ayde, amy, ie suis mal assisté,

Et que ie suis trahy de ta fidelité,
La plus part de mes gens ont quitté mon seruice,
Tu fais par ta vertu ce qu'ils font par leur vice,
Et comme cette troupe en ses lâches projets
M'aymoit me hayssant, en m'aimant tu me haits:
Dans l'état où tu vois ma fortune reduite
Ce n'est point lâcheté que d'imiter leur fuite,
Et ie doy souhaitter au point où ie me voy
Que tu sois pire qu'eux, ou qu'ils soient comme toy.
Qui te retient le bras? crains-tu de faire vn crime?
Où veux-tu m'obliger d'estre plus magnanime?
Rome ne gemit plus sous mes superbes Lois,
Et ie ne marche plus sur la teste des Rois,
Ta desobeyssance icy te fait paroistre
Qu'à peine seulement suis-je encore ton maistre,
Ces vains titres passez causent-il ton refus?
Et doy-je toujours estre à cause que ie fus?

E R O S.

Prenez d'autres que moy pour vous estre homicides,
Vn seul vous est fidelle, & cent vous sont perfides:
Qu'vn d'entr'eux vous oblige en ce desir pressant,
Il est déja coupable, & ie suis innocent,
Qu'il repare sur vous ma desobeyssance,

Que son crime vne fois saue mon innocence,
Qu'il vous donne vn trépas qui ne vous est point dû,
Et qu'il verse le sang qu'il a mal deffendu.
Helas ! c'est bien assez que mon Empereur meure,
C'est assez que ie viue afin que ie le pleure,
Sans que ces lâches mains luy creusent vn tombeau,
Que ie sois son esclaue, & non pas son bourreau,
J'embrasse ses genoux.

ANTOINE.

                    Contente mon enuie,
C'est me donner beaucoup que de m'oster la vie,
Ta molle affection m'afflige au dernier point,
Et dedans ta pitié ie n'en rencontre point,
Tu vois comme toujours la fortune m'outrage,
Elle fait ma misere, acheue son ouurage,
Et ta main se trouuant conforme à mes souhaits,
Pese d'vn sens rassis le don que tu me fais,
Songe que mon esprit doit quitter sa demeure,
Que ie meurs Empereur si ie meurs de bonne heure,
,, Quiconque peut mourir dedans sa dignité
,, Il se fait vn chemin à l'immortalité,
Qu'vn iour l'on puisse dire, vn esclaue à son maistre
A fait durer l'Empire aussi long-temps que l'estre,

                                            Que

Que ton cœur s'amoliſſe à mon funeſte aſpect,
Et donne à la pitié ce qu'il nie au reſpect.

EROS.

Vous voulez donc mourir?

ANTOINE

Cleopatre m'appelle,
Dans ſon teint plus hideux la mort me ſemble belle,
Et ie veux à ce triſte, & deplorable iour
Faire voir vn triomphe, & d'honneur, & d'amour.

EROS.

Et de plus par ma main?

ANTOINE

Ouy ſi i'ay la puiſſance
D'obtenir cet effet de ton obeyſſance.

EROS à l'écart.

Reduit malgré moy-meſme à cette extremité,
Mon cœur, obeyſſons à la neceſſité,
Faiſons deuant le Ciel vn acte illegitime,
Et taſchons d'euiter vn crime par vn crime,
Etonnons l'auenir de cet acte important,

L

S'il ne peut l'aproüer, qu'il en parle pourtant,
Puis que vous demandez vne cruelle marque
Des horreurs que l'on voit sur le front de la Parque
Quand d'vn œil menaçant elle nous vient saisir,
Ie m'en vay contenter voltre sanglant desir.

ANTOINE en l'embrassant.

O rare seruiteur!

EROS.

Donnez-moy voltre épée.

ANTOINE.

Amy, iamais ta main ne fut mieux ocupée,
Frappe, & souffre au deßein où mon cœur se resout,
Empereur que ie suis que ie meure debout,
,, Ce sont de lâches cœurs que la mort doit surprendre,
,, D'vn front toujours égal nous la deuons attendre;
Frape, sans prolonger mon trépas d'vn moment,
Et que mon dernier mot soit vn commandement.

EROS.

Vous voulez que ce fer vous oste la lumiere?
Vous attendez la mort de ma main meurtriere?
Ie dois estre conforme à vos tristes souhaits,

Octroyez vn pardon au crime que ie fais.   Il se
met à
genoux

ANTOINE.

Frape, ie te pardonne vne si belle offence.

EROS.

Vous me pardonnez donc ma desobeyssance,   Il se
tuë.
Ou ma main, si i'ay dû vous donner le trépas,
Me l'offrant me punit de ne vous l'offrir pas.

SCENE II.

ANTOINE seul.

Qve fais-tu? mais déja de ce noble courage
Dans les flots de son sang la vie a fait naufrage,
Eros, tu fais ton mal de ce qui fait mon bien,
Et tu rends à ton corps ce que ie dois au mien,
J'aprouue toutefois que tu cesses de viure,
Antoine aprend de toy le chemin qu'il doit suiure,
Outre qu'vn tel exces de generosité
Sert d'vn illustre exemple à la posterité.
Mourons, que dans mon sang ma propre main se laue,   Il ra-
masse
l'Epée.
Et ne rougissons point d'imiter vn esclaue.
Rome, qui pour ta gloire as veu briller ce fer,
L ij

Tu ne reuerras plus Antoine triompher,
Faisant voler son nom de l'vn à l'autre Pole,
Le front ceint d'vn laurier monter au Capitole,
Trainer des Rois captifs dont la condition
Faisoit vn sacrifice à ton ambition;
Moy ie ne verray point pour accroistre mes peines
Cesar faire à tes yeux ses lauriers de mes chaisnes,
Si tu ne me vois pas dans ce pompeux éclat
Qui fit trembler le Peuple, & pallir le Senat.
Cette grande Cité qui le Ciel mesme affronte,
Fit mon premier honneur, & ma derniere honte,
Ie fus tout glorieux d'y passer autrefois,
Et ie crains seulement ce que ie souhaittois:
Mais ce fer me r'assure, & son secours funeste
Fait viure en me tuant la gloire qui me reste.
Vous, ô Peuple Romain, qui baisâtes mes pas,
Vous aprendrez ma honte, & ne la verrez pas.
Mais perdrois-je le iour sans l'oster à personne,
Et sans chercher la mort dans le sein de Bellonne?
Quoy ie ie rechercherois vn si lâche trépas?
La chûte d'vn Cesar ne m'opprimeroit pas?
Non courons au combat, mon ombre est assez forte,
Ie veux vaincre, & le puis, mais Cleopatre est morte,
Oublions la fortune, & cedons à l'amour;

Ma

Ma Reine, mon Soleil n'a plus de part au iour,
C'est ainsi que la Parque a respecté ses charmes,
Pour elle répandons de genereuses larmes,
,, Les hommes du commun allegent leur tourment
,, Par de honteuses pleurs, mais pleurons noblement,
Mon cœur, suy Cleopatre, & force ta demeure,
Fay couler tout mon sang, c'est comme Antoine pleure.
O mort qu'heureusement tu me viens secourir,
Et qu'il est malheureux qui ne sçait pas mourir!
Si tu m'eusses plus ieune obligé de la sorte,
La gloire de mes iours ne fut pas si tost morte,
L'on ne m'eût veu iamais amoureux, ny vaincu,
Et i'aurois vescu plus, si i'eusse moins vescu.

Il se donne vncoup & regarde son sang.

Il tombe.

SCENE III.

ANTOINE. DIRCET, & autres gardes acourent.

DIRCET

O Tragique spectacle!

ANTOINE

                                    Hâ douleur violente!
Amis, rendez ma mort, ou plus douce, ou moins lente,

M

LA CLEOPATRE

Exercez sur ce corps vn effet d'amitié,
Et faites par vn meurtre vn acte de pitié.

DIRCET.

Helas! noſtre Empereur, quel deſeſpoir vous porte
A ce cruel deſſein? la Reine n'eſt pas morte.

ANTOINE.

Eſt-il poſſible, ô dieux, que ne puis-je guerir,
Ha ie meurs maintenant du regret de mourir!
Puis que ſelon mes vœux reſpire cette belle,
Que deuant mon trépas l'on me porte vers elle,
Pour iouyr des douceurs de nos derniers propos.

DIRCET.

Quel eſt ce corps ſanglant?

ANTOINE.

                Celuy du braue Eros,
Il a plongé pour moy ce far dans ſes entrailles,
Rendez luy les deuoirs.

DIRCET.

Il eſt
porté
vers
Cleo-
patre.

                Dieux que de funerailles!

SCENE IV.

LVCILE seul.

LA ville est à Cesar, les habitans troublez
Se vont rendre au vainqueur, & luy portent
les clez,
Faut-il que ie l'anonce, & me doy-je resoudre
A lancer par ma voix ce dernier coup de foudre?
Deplorable Empereur, dont le nom m'est si cher,
I'auance ton trépas au lieu de l'empescher:
Ce dernier accident trop puissamment te touche,
Et l'arrest de ta mort va sortir de ma bouche.
Helas que le Soleil te donne vn triste iour,
Et que le sort te hait à cause de l'amour!
Entrons dans son Palais, ô dieux quelle harangue!
Iuste Ciel que ne suis-je ou sans vie, ou sans langue!

M ij

SCENE V.

CLEOPATRE. Ses filles. ANTOINE
mourant.

ANTOINE ayant la teste sur les genoux
de Cleopatre.

Le tô-
beau
paroist.

Ne verse point sur moy tant d'inutiles pleurs,
Par ton affliction n'acrois point mes douleurs,
De la fin de mes iours mon bonheur doit éclore,
Et ie meurs satisfait puis que tu vis encore,
Ajouste la constance à tes autres vertus.

CLEOPATRE.

Où l'iray-je chercher quand tu ne seras plus?
Mes seules cruautez ont ouuert cette playe,
Et par ma feinte mort ie t'en cause vne vraye,
Mes pleurs, ny mes souspirs ne te peuuent guarir,
Et tu meurs en effet quand ie feins de mourir.

ANTOINE.

Console-toy, mon cœur.

CLEOPATRE.

Seueres destinées,
Retranchez

Retranchez-vous si tost le fil de ses années!
Et vous mes ennemis, dieux inhumains, & sours,
Me priuez vous si tost de l'ame de mes iours!
Ma voix peut contre vous proferer des blasphêmes,
Et ie puis bien pecher si vous pechez vous-mesmes.
Tu meurs à ce funeste, & deplorable instant,
Antoine m'est fidelle, & me quitte pourtant,
Ha trop cruel exces d'vne amitié si rare!
La mesme nous ioignit; la mesme nous separe,
Tu dois cette blessure au bruit d'vn faux trépas,
Et ie te voy mourant, & ne t'imite pas.

ANTOINE.

La mort que ie me donne égalle vne victoire,
Ne suy donc point mes pas pour partager ma gloire.
Que tout seul ie subisse vne commune loy,
Contentons la fortune, elle n'en veut qu'à moy.
Ie n'espere plus rien de la force des armes,
Tu peux tout esperer de celle de tes chârmes,
Tes yeux doiuent reluire ailleurs que dans l'enfer,
Ie ne sçaurois plus vaincre, ils peuuent triompher,
La mort est vn remede à ma peine soufferte,
Tu peux facilement recompenser ta perte,
Et ta beauté peut faire en sa douce rigueur

N

LA CLEOPATRE

D'vn Cesar vn Antoine, vn vaincu d'vn vainqueur?
Vole sa liberté comme tu fis la mienne,
Conserue ta franchise aux dépens de la sienne,
Que cet œil si charmant tâche de l'enchâiner,
Et qu'il mène en triomphe vn qui t'y veut mener;
Sans rien diminuer de mon ardeur extréme,
Ie souhaite en mourant que mon ennemy t'ayme,
Ie crains plus ton malheur que ie ne sens mon mal,
Et desirant ton bien ie souhaite vn Riual,
Je veux que de tes yeux son ame soit atteinte,
Et ie fay mon desir de ce qui fut ma crainte.

CLEOPATRE.

Qu'vn autre amant receut des gages de ma foy?
Pers ce cruel soupçon, qu'il meure deuant toy,
Croy que ma passion est pure, & genereuse,
Et que ie suis fidelle autant que malheureuse,
Que toy seul es l'objet qui cause mon soucy.

ANTOINE.

Pour mourir doucement ie le veux croire ainsi.
Adieu ie n'en puis plus, les forces me defaillent,
Mes dernieres douleurs trop viuement m'assaillent,
Cest en vain que mes sens tâchent de resister,
Heureux qui d'vn tel coup se laisse surmonter!

CLEOPATRE,

O dieux !

ANTOINE.

Puis que le Ciel veut que ie t'abandonne,
Cheris Antoine, & suy les auis qu'il te donne,
Ne plains point mon desastre, & conserue tes iours
Pour les viuans effets de nos tristes amours.
Toutefois si Cesar vsant de sa victoire,   Se sou-
                                                                    leuant
Les veut faire seruir d'ornemens à sa gloire,   vn peu.
Qu'ils soient lors genereux, qu'ils marchent sur mes pas,
Qu'ils imitent leur pere, & n'en rougissent pas.
C'en est fait, ie me sens reduit au dernier terme,
L'amour m'ouure les yeux, mais la mort les referme.   Il
                                                                   meurt.

CLEOPATRE.

O sensible douleur ! quoy ie pers mon apuy ?
Dieux ma vigueur me laisse, & ie meurs comme luy.   Elle
                                                                  pasme.

SCENE VI.

ERAS. CHARMION. CLEOPATRE.

ERAS.

Elle va rendre l'ame, ha cruelle infortune !
Que nos pleurs soient communs, nostre perte est
    commune.

LA CLEOPATRE

CHARMION.

Pouuons-nous par des pleurs rendre le sort plus dous,
Et soulager vn mort, vne mourante, & nous?
Ce mal veut vn secours plus puissant que le nostre,
Pour faire viure l'vne, il faut r'animer l'autre,
„ Comme vne seule vie animè deux amans,
„ Vn seul trepas aussi termine leurs tourmens.

ERAS.

Madame, elle reuient.

CLEOPATRE reuenuë à soy.

Qui m'a rendu la vie,
Et les tristes douleurs dont elle estoit suiuie?
Ce corps a succombé sous l'effort du trepas.
Mais ie reuiens, Antoine, & tu ne reuiens pas.
J'ay perdu pour iamais cet objet que i'adore,
Ie suis dans vn sepulchre, & si ie vis encore:
Ciel, puis que vous m'ostez ce thresor precieux,
Que n'ostez-vous aussi la lumiere à mes yeux,
Pourquoy dans les malheurs dont ie suis affligée
De ce friuolle don vous seray-ie obligée?
Que feray-ie des biens qui me sont superflus,
Et qu'ay-ie plus à voir si ie ne le voy plus?

Que

Que nostre sort est bas, qu'il sert d'vn triste exemple,
Et donne peu d'ennuie à l'œil qui nous contemple!
Qu'vne fresle grandeur se perd facilement!
Que l'on monte auec peine, & qu'on tombe aisement!
Que nous deuons haïr l'éclat des diadêmes,
Et que ses amateurs sont ennemis d'eux-mesmes!
Que l'heur est different d'vn Prince, & d'vn sujet,
Et que l'ambition cognoist mal son objet!
Le Ciel m'aimoit, ma gloire en estoit vne preuue,
I'estois femme d'Antoine, & n'en suis plus que veuue.
I'auois des qualitez, des titres absolus,
Ie n'ay que le regret de ne les auoir plus,
Et de tous ces grands biens dont le destin me priue,
Vn seul tombeau me reste, encore y suis-ie viue.
O changement funeste, & digne de pitié!
Reçoy, mon cœur, ces pleurs de ta chere moitié,
Répons à ces baisers que ie donne à ta cendre,
Et reçoy les pourtant, si tu ne les peux rendre,
Accepte ces cheueux que ie confons aux tiens,
Ie t'en fais vn hommage, ils furent tes liens,
Permets que ie differe vn trépas plain de charmes,
Et que deuant mon sang ie répande mes larmes.

ERAS.

Que vostre majesté modere ses ennuis.

LA CLEOPATRE

Confolez-vous, Madame.

CLEOPATRE.

En l'état où ie fuis?

ERAS.

,, Mais, Madame, fongez que la mort eft commune,
,, Tout ce que voit le Ciel fubit cette fortune,
,, Le trépas eft vn but où l'on nous void courir,
,, Mourant l'on a vefcu, viuant on doit mourir:
,, Cette loy qui nous rend mortels comme nous fommes
,, Fut faite pour Antoine, & pour les autres hommes,
Pourquoy vous fâchez-vous qu'il fe donne aujourduy
Ce qu'vn lâche attendroit d'vn autre que de luy,
Il donne à voftre amour le nom d'ingratitude,
Sa mort luy femble douce, elle vous femble rude,
Et fâché des regrets dont vous l'acompagnez,
Quoy que mort il vous plaint comme vous le plaignez:
Il faut voir fon deftin auec vn œil d'enuie,
Il eût perdu l'honneur, il ne perd que la vie,
Rome qui ne le vid aux triomphes diuers
Que chargé de lauriers, l'eût veu chargé de fers,
Confus, l'œil bas, le front fur qui la rougeur monte,
Suiure vn vainqueur fuperbe honoré par fa honte,
Lors vous euffiez loüé fa generofité,

Et ce que vous pleurez, vous l'eußiez souhaité.

CLEOPATRE.

Il est vray.

CHARMION.

Ceßez donc de le plaindre, Madame,
Puis qu'il meurt genereux pour ne pas viure infame :
Ceßez de le pleurer, & n'entreprenez plus
De troubler son repos par des cris superflus,
Soyez pour vostre bien propice à sa priere,
Tâchez d'executer sa volonté derniere,
S'il obtient vn riual ce n'est point le trahir,
Si vous suiuez ses pas cest luy desobeyr,
Que Cesar à vos yeux soumette sa victoire,
Qu'il soit dans vostre cœur, luy dans vostre memoire,
Ne demeurez point ferme en ce friuolle ennuy,
Et sauuez ce qui reste, & de vous & de luy
Vos chers enfans.

CLEOPATRE.

Non, non, sois plus femme que mere,
Ils te doiuent la vie, & tu la dois au pere,
Change donc cette vie en vn iuste trépas,
Elle te rend ingrate, & ne leur ayde pas :

O ij

Qu'ils ne regardent point l'honneur de leurs ancestres,
Nous eûmes des sujets, mais ils auront des maistres,
Ils n'auront point l'éclat que leurs paréns ont eu,
S'ils n'en ont pas les biens, qu'ils en ayent la vertu,
„ Qu'ils sçachent qu'au malheur le plus superbe plie,
„ Qu'il faut estant vaincu que soy-mesme on s'oublie,
„ Qu'il faut lors estre souple, & que l'humilité
„ Est vn enseignement de la necessité.
Mais puis que leur espoir ne dépend point d'un autre,
Sauuons leur vie auant que de perdre la nostre,
Et puis qu'vn long trépas rendra nos vœux contens,
Viuons encore vn peu pour mourir plus long-temps.

CLEOPATRE

CLEOPATRE
TRAGEDIE.

ACTE QVATRIEME.

SCENE I.

CESAR. Sa suite. LES DEPVTEZ
d'Alexandrie.

CESAR receuant les clefs de la ville des
mains des Deputez à genoux,
deuant son tribunal.

'Eleue qui s'abaisse, & quoy qu'on se propose
Deuant moy l'on n'est rien pour estre quel-
que chose:
Vous voyans en état d'obtenir vn pardon,
Ma generosité vous accorde ce don.
Je ne m'emporte point à la vangeance promte,
Ie me regle aux humeurs de celuy que ie domte;

P

LA CLEOPATRE

Je prens sur le vaincu l'exemple que ie suy,
Et s'il est fier, ou doux, Cesar l'est comme luy :
Ie ne desire point d'ensanglanter ma gloire,
Des vaincus à genoux honorent ma victoire,
Mon courage est content de la honte qu'ils ont,
Et leur sang me plaist moins à ce fer qu'à leur front.
Quand des plus factieux ie rens les esprits calmes,
Ce n'est point leur trépas qui me couure de palmes,
Cest leur confusion à qui ie doy ce bien,
Et quand leur front rougit, il couronne le mien.
Viuez, ie suis fâché qu' Antoine vostre maistre
Ait esté genereux pour m'empescher de l'estre,
Ma plus belle vertu perd son lustre en sa mort,
Son bras desesperé le tuant m'a fait tort,
J'eusse par son bonheur chastié son offence,
Et ie plains son trépas qui l'oste à ma clemence,
J'eusse esté satisfait de l'auoir conuaincu,
Et le parent m'eût fait oublier le vaincu.
Mais il s'est fait mourir auec ses propres armes,
Sa derniere infortune est digne de nos larmes,
Ie plains son desespoir qui la mis à ce point,
Et i'ay pitié de luy parce qu'il n'en eût point.
Leuez vous, mes amis, visitez vostre Reine,
Elle souffre beaucoup, adoucissez sa peine,

Qu'elle viue en repos, quelle ne craigne rien,
Et par voſtre bonheur qu'elle iuge du ſien.
Je luy viens d'enuoyer le ſage Proculée,
Afin que de ma part elle ſoit conſolée,
Et qu'il la perſuade à ſortir des tombeaux
Où toujours ſa triſteſſe à des objets noueaux,
Quelle ait toujours les droits d'vne grande Princeſſe,
Que ſon ennuy ſe paſſe, & que ſa crainte ceſſe,
Bref qu'elle eſpere tout d'vn vainqueur indulgent,
Elle eſt Reine, & Ceſar triomphe en l'obligeant.

LES DEPVTEZ s'en allans,

Redoutable Empereur, noſtre ville eſt rauie,
Et vous prenez nos cœurs en nous donnant la vie,
Trop heureux, ſi le Ciel nous auoit deſtinez
A perdre en vous ſeruant ce que vous nous donnez.

SCENE II.
CESAR. EPAPHRODITE. AGRIPE.
EPAPHRODITE

Faut-il gouſter ſi peu le fruict d'vne victoire,
Et pour cacher leur honte obſcurcir voſtre gloire?
Vn cœur eſt bien peu fort quand la pitié le fend,

Quoy serez-vous vainqueur sans estre triomphant?
Vous estes donc sensible au soucy de leur honte,
Et quand vous surmontés, cét lors qu'on vous surmonte?
„ La victoire en son prix ne se doit refuser,
„ Et qui sçait l'aquerir doit sçauoir en vser:
Ce n'est pas la raison que des soupirs, des larmes,
Interrompent le cours de l'honneur de vos armes,
Il faut estre inflexible, & c'est vn grand abus
De faire ses vainqueurs de ceux qu'on a vaincus;
„ Qui voyant l'ennemy dont il a la victoire
„ A pitié de sa honte, est cruel à sa gloire,
Et si ce mouuement ne s'altere, ô Cesar!
Rome en verra bien peu derriere vostre char.

CESAR.

Dequoy m'acuses-tu?

EPAPHRODITE.

                    D'auoir trop de clemence,
„ Aux grands cette vertu nuit dans son abondance,
„ Etouffe la Iustice en vn seuere cœur,
„ Oblige le vaincu, mais fait tort au vainqueur,
„ Cette lâche vertu n'en peut souffrir aucune,
Et vous en cachez cent pour n'en faire voir qu'vne,

Par

Par elle vous quittez le prix de vos combas,
Vous ne châtiez point, vous ne triomphez pas :
Antoine librement s'est privé d'vne vie
Qu'auoit à vostre honneur la fortune asseruie,
Et se voyant forcé de vous suiure aujourduy,
Il ne la pù souffrir, ny vous non plus que luy,
De sorte que pour voir ce triomphe equitable,
L'vn fut trop genereux, l'autre est trop pitoyable.
Vsez de ce qui reste, & pour vostre bonheur
Dans Rome promenez leur honte, & vostre honneur.

CESAR.

Estimes-tu Cesar si peû jaloux de gloire
Qu'il refusast le prix d'vne telle victoire ?
Ie serois ennemy de mon contentement,
Non, non, ie flatte ainsi pour vaincre doublement,
Ie les mene en triomphe auecque moins de pompe,
Mon bras les à soûmis, ma clemence les trompe,
Et déja le vaincu par vn trait sans égal
Honore ma fortune, & ne sent pas son mal,
Ie mets tant d'artifice à déguiser sa peine
Que mesme il se croit libre alors que ie l'enchâine,
Ie fay que tous ses maux luy passent pour des biens,
Et pour mieux l'eblouïr ie dore ses liens.

Q

LA CLEOPATRE

EPAPHRODITE.

Ce noble stratageme, & cette douce amorce
Font voir que voſtre eſprit égalle voſtre force,
Et qu'on eſt temeraire en vn degré pareil,
Ou tenant contre vous, ou vous donnant conſeil.

CESAR.

Suiuant ton beau conſeil i'oubliois ma victoire,
Ie perdois Cleopatre, & le prix de ma gloire,
Car luy donnant auis de ſa captiuité,
Rome n'eut iamais veu qu'y i'auois ſurmonté;
Que ſert de l'auertir, quand ſa fortune change,
De l'eſtat miſerable où ſon deſtin la range?
Ceſt vainement pour nous irriter ſa douleur,
,, Quiconque eſt malheureux ſçait aſſés ſon malheur,
,, Le ſort eſt recognu de ceux qu'il perſecute,
,, Et qui tombe d'vn throne en reſſent bien la chute.
Ie veux traitter la Reine auec vn grand bonheur,
Ie veux que ſa miſere ait face de bonheur,
Qu'on la reſpecte ailleurs comme dans ſa patrie,
Et qu'elle trouué à Rome vne autre Alexandrie;
Le reſpect ſera tel quand on l'y receura,
Qu'elle croira mener le char quelle ſuiura,
Ceſt comme il faut traitter ceux qui ſont dans ce gouffre.

Le vainqueur est content sans que le vaincu souffre,
Vn semblable triomphe est digne de nos soins,
Et pour estre secret il n'éclate pas moins.
J'en veux faire vn spectacle aux yeux de mes armées,
Tandis ie la repais de ces vaines fumées,
Titre, honneur, dignité, couronne, sceptre, bien,
Et ie luy laisse tout pour ne luy laisser rien.

AGRIPE.

Ainsi de belles fleurs l'hostie est couronnée,
Alors qu'au sacrifice en pompe elle est menée,
Ainsi la main qui prend les sens en trahison
Dans vne coupe d'or presente le poison.
Mais quel homme s'auance? on void sur son visage
Des signes euidens d'vn sinistre message,
Ses soûpirs sont témoins d'vn regret violent.

EPAPHRODITE.

Jl porte, ce me semble, vn coutelas sanglant.

CESAR.

Dieux c'est celuy d'Antoine, ha funeste spectacle !
Que la constance icy trouue vn puissant obstacle,
Ie ne puis m'empescher de plaindre ses malheurs,
Ce sang d'vn rocher mesme attireroit des pleurs,

Q ij

Ce triste objet me donne vne sensible atteinte,
Et change en verité ce qui n'estoit que feinte.

SCENE III.

CESAR. DIRCET. AGRIPE. EPAPRODITE.

DIRCET tenant l'espée sanglante d'Antoine.

Voila cet ennemy de nostre commun bien,
L'homicide cruel de son maistre, & du mien,
Ce sang, ce coutelas d'vne mort lamentable,
La marque trop certaine, & l'autheur detestable,
L'inhumain à vos yeux se monstre sans besoin,
Et sert contre soy-mesme à vos yeux de témoin.

CESAR.

Objet triste, & funeste! icy ie le confesse,
Mon cœur ne peut cacher la douleur qui le presse,
Ie verserois des pleurs, mais mon œil le peut,
La honte l'en empesche, & la pitié le veut,
Antoine est deplorable, hà forçons toute honte!
Ie l'ay vaincu viuant, & mort il me surmonte.
Soldat, contente nous d'vn funeste recit,
Sçachons comme il est mort, dis nous ce qu'il a dit.

Ie n'ay

Je n'ay sceu l'accident que que par la voix commune,
Qui ne penetre pas vne telle infortune.

DIRCET.

Sans hommes, sans vaisseaux, sans armes, & sans biens,
Attaqué par vos gens, & trahy par les siens,
Antoine retourné dans la ville asseruie
Consultoit les moyens de s'arracher la vie,
Quand vn homme suruint au fort de ses malheurs
Du trépas de la Reine augmenter ses douleurs,
Ce rapport le saisit auec violence,
Et son étonnement se voit dans son silence,
Il marche, puis s'arreste, & refaisant vn pas
Il pallit, veut pleurer, mais il ne pleure pas:
Nous autres gemissons, sa constance resiste,
Et de toute la troupe il paroist le moins triste.
Je m'estonnois, dit-il, que le Ciel rigoureux
Me laissast Cleopatre, & me fit malheureux,
Mais quoy qu'à nos amours il se monstre barbare,
La mort nous rejoindra puis qu'elle nous separe,
Si ce n'est mon bonheur du moins c'est mon repos,
Je te suiuray, mon cœur, ce sont ses propres mots:
Voulant mal à ses iours, il veut du bien aux nostres,
Il nous embrasse tous les vns apres les autres,

R

Nous conjure estant prest de subir le trépas
De ne le plaindre point, puis qu'il ne s'en plaint pas.
La pitié de son mal, nous ostant la parole
Le rend plus eloquent, luy-mesme il nous console
Se voyant sur le point de vous abandonner,
Et l'on reçoit de luy ce qu'on luy doit donner,
Il nous eut fait des dons, mais de cette fortune
Qu'auec vous, ô Cesar il eut jadis commune,
Il ne luy restoit pas dans ses soins obligeans
Dequoy recompenser le moindre de ses gens.
Ie ne vous donne rien, & le sort m'en dispence,
Il a, dit-il, mes biens, & vostre recompense,
Là dessus il nous quitte, & court tout furieux,
Nous laissant le cœur triste, & les larmes aux yeux,
S'enferme auec Eros qui luy fut si fidelle,
Au lieu le plus secret que son Palais recelle,
Et là ce qui s'est fait à du Ciel esté veu,
Ie n'en parleray point, puis que vous l'auez sceu.
Le Soleil qui s'enfuit au trespas de T'geste
Regarde fixement un malheur si funeste,
Sans que d'vn voile obscur son œil soit aueuglé,
Et sans se destourner de son chemin reglé.
Là ce Prince à nos yeux se debat, & se roule
Dans vn fleuue de sang qui sur la terre coule,

Et nous monstrant son corps d'vn grand coup trauersé,
Veut que nous acheuions ce qu'il a commencé.
Mais nous l'auertissons que la Reine est viuante,
A ce mot sa douleur se rend moins violente,
Il flatte sa blessure, & se veut secourir,
Sçachant qu'elle respire, il ne veut plus mourir.
Enfin nous le portons au sepulchre où la Reine
S'efforçoit d'abreger & sa vie, & sa peine.

GESAR.

Vous laissa t'elle entrer?

DIRCET.

Non, du haut du tombeau

Ses filles d'vne corde attiroient ce fardeau,
La Reine mesme aidoit en ce vil exercice,
Ses delicates mains y faisoient leur office,
Ses efforts estoient grands, on n'eût pas tiré mieux,
Et son front paroissoit mouillé comme ses yeux.
Antoine suspendant la douleur qui le blesse,
Pour y contribuer auecque sa foiblesse,
Tendoit ses bras mourans, les roidissoit expres,
Se soustenoit vn peu, mais retomboit apres.

C E S A R.

Son cœur aymoit encore?

R ij

LA CLEOPATRE

DIRCET.

Il conseruoit sa flame,
La blessure du corps n'auoit pas guary l'ame,
Ses yeux estoient ardents quand ils perdoient le iour,
Et la mort y laissoit vne place à l'amour.
Enfin il est receu dans ce tombeau funeste,
Il perd là doucement la vigueur qui luy reste,
Là s'estimant heureux de reuoir tant dapas,
Il embrasse la Reine, & meurt entre ses bras.
A ce coup elle éclate, elle se desespere,
Sa main sans Proculée acheuoit sa misere,
Mais elle se remet, & son sage conseil
Aplique sur son mal vn premier apareil.
Par son commandement i'aporte cette épée
Au sang d'vn Empereur tout fraichement trempée.

CESAR.

Elle honore Cesar d'vn present sans égal,
Dy luy qu'elle m'oblige, & que ie plains son mal.

SCENE

SCENE IV.

CESAR. AGRIPE. EPAPHRODITE.

CESAR tenant l'espée d'Antoine.

Dieux par ce triste exemple où le malheur preside,
La fortune me rend, & superbe, & timide!
Antoine, ie te plains, c'est l'orgueil, & l'amour
Qui t'ont rauy l'Empire, & te priuent du iour:
Deuant l'iniuste effort de ta haine ancienne,
Quand nous estions amis ma gloire estoit la tienne,
Tu partageois l'honneur que les mortels me font,
Et tes lauriers de mesme alloient iusqu'à mon front,
Nous estions compagnons d'une mesme fortune,
Rome se diuisoit, & n'estoit pourtant qu'une,
L'on ne distinguoit point Antoine de Cesar,
Pour un double triomphe il ne falloit qu'un char:
Aussi tout nous offroit des conquestes aisees,
Aussi nos legions n'estoient pas opposees,
Nos communes grandeurs n'auoient aucun deffaut,
Jamais l'Aigle Romain n'auoit vollé si haut.
Faut-il que cette épée aux ennemis fatale,
Qui se rendit fameuse aux plaines de Pharsale,
Qui de tant de vaincus auoit borné les iours,

S

LA CLEOPATRE

Des tiens par ta main propre ait retranché le cours ?
Ton ennemy te plaint, quy Cesar te deplore,
Rome te pleurera, quoy qu'elle saigne encore,
Le mal qu'elle à receu de ton ambition
Luy laisse encor pour toy de l'inclination.

AGRIPE.

Que vous sert cette plainte iniuste autant que vaine ?
Entrons dedans la ville, & visitez la Reine :
Il ne faut pas douter que son nouueau malheur
Ne la rende subtille à gagner vostre cœur,
Et que pour vous flechir il ne mette en vsage
Ce qu'elle à dans l'esprit, & dessus le visage :
Soyez toûjours Cesar contre ses forts apas.

CESAR.

Ces foibles ennemis ne m'espouantent pas,
Et ne peuuent oster vn ornement si rare
Au triomphe pompeux que Rome nous prepare.

SCENE V.

CLEOPATRE vestuë de dueil, & dans vne
chambre tendüe de dueil.

Diadêmes, grandeurs, rangs, titres absolus,
Puis que vous me quittez ne m'importunés plus,

Sceptres, qui m'éleuiez auecque tant de gloire,
Ainsi que de mes mains sortez de ma memoire:
Ce triste souuenir fait mon ioug plus pesant,
,, Par le bonheur passé croist le malheur present.
Les destins qui jadis craignoient de me déplaire,
A ma prosperité mesurent ma misere,
Autrement à ce point ils ne changeroient pas,
Ma chûte seroit moindre en tombant de plus bas:
Aux autres c'est vn bien de n'auoir point d'Empire,
Parce que i'en pers vn, de mes maux c'est le pire,
,, De nos felicitez procedent nos malheurs,
,, Et les contentemens font naistre les douleurs,
,, Souuent vne tristesse est l'effet d'vne ioye,
La nuit du beau Paris causa celle de Troye:
Nostre Egypte l'égalle, & la surpasse encor,
De mesme qu'Ilion elle perd son Hector,
L'amour mit cet Empire au point qu'il met le nostre,
Fut le bucher de l'vn, la ruine de l'autre.
Mon sceptre estant perdu, mon espoir estant mort,
A quelle affliction me reserue le sort?
Que me sert cet éclat, & cette pompe vaine?
On m'oste la couronne, & l'on me traite en Reine,
D'vn specieux respect mes malheurs sont couuers,
Et l'on baise la main qui me donne des fers:

S ij

Vn vainqueur glorieux dans ma honte m'honore,
M'oste vn bandeau Royal, & m'eblouït encore,
Il semble que mes iours soient l'objet du bonheur,
Et qu'vn honneur nouueau succede à mon honneur,
Le perdant on m'en fait: de mesme la iustice
D'vn patient illustre honorant le suplice,
Pour sa condition à la fin de ses iours
Reçoit son sang dans l'or, & dessus le velours.
Mille espions ont soin de retenir mon ame,
Ils m'ostent les poisons, les serpents, & la flame,
Mais leurs empeschemens ne sont que superflus,
Et ie puis bien mourir puis qu'Antoine n'est plus,
Qu'ils ayent les yeux sur moy, leur peine est inutille,
Antoine ne vit plus, sa mort m'en donne mille,
Cest mon fer, mon poison, ma flame, & mon serpent,
Tout ce qu'ils m'ont osté son trépas me rend.

SCENE VI.

ERAS. CLEOPATRE.

ERAS.

CEsar est icy bas.

CLEOPATRE.

Que venez vous m'aprendre?

ERAS.

ERAS.

Que le vainqueur, Madame, au vaincu se vient rendre,
Qu'il ne tient qu'aux attraits de vostre majesté
De conseruer son sceptre, & nostre liberté.

CLEOPATRE.

Espoir faux, & flateur des ames affligées!
Les plus grandes beautez sont icy negligées,
Eras, tous nos efforts sont vains, & superflus,
Je ne me puis seruir de ce que ie n'ay plus,
Mon œil lançoit des feux, il n'a plus que des larmes,
Et le tombeau d'Antoine est celuy de mes charmes,
Il ne m'en reste pas pour le rendre adoucy,
Ny pour vaincre vn vainqueur.

ERAS.

Madame, le voicy.

SCENE VII.

CLEOPATRE. CESAR.

CLEOPATRE aux pieds de Cesar.

S Eigneur (car vous portez cette qualité haute,
Le Ciel qui vous cherit vous la donne, & me l'oste)

T

LA CLEOPATRE

Vous voyez, ô Cesar! vne Reine à vos piez,
Qui vid deuant les siens des Rois humiliez,
Qui fit par le pouuoir d'vne beauté fatale
Qu'Antoine eût sa maistresse, & Rome sa riuale,
Et qui dessus vn thrône éleué iusqu'aux Cieux,
Pour voir les plus grands Rois baissa toûjours les yeux:
Le Ciel soûmet la mesme aux droicts d'vne victoire,
Par ce que vous foulez, iugez de vôstre gloire,
Soyez content, songez, remerciant les dieux
Que vous seriez, cruel estant plus glorieux.

CESAR la releuant.

Si vous ne sçauiez pas de quelle douceur i'vse
Vers ceux que ie surmonte, & que la guerre abuse,
E si de mon costé i'ignorois de quel front
Vous receuez les coups que les malheurs vous font,
Si vôstre esprit plus grand qui le mal qui l'outrage,
Ignoroit ma clemence, & moy vostre courage,
Ie vous croirois soumise à de plus rudes lois,
Mais vous me cognoissez, comme ie vous cognois.
N'esperez pas qu'icy ma bouche vous console,
La mort que vous plaignez, m'interdit la parole,
Tout le monde en commun pleure Antoine au cercueil,
Son trepas comme vous met la victoire en dueil.

Si vous souffrez des maux l'iniuste violence,
C'est plus vn trait du sort qu'vn trait de ma vaillance,
,, Le hasard fait toujours le succés des combas,
Ne m'en accusez point, ny ne m'en loüez pas.

CLEOPATRE.

,, La loüange s'aplique en vne telle sorte
,, Que moins l'on en desire, & plus on en remporte,
,, Elle se plaist à rendre vn modeste confus,
,, Et c'est en demander que d'en faire refus.
L'on cognoist ta valeur, tes ennemis l'auoüent,
Mon infortune en parle, & tes effets te loüent;
Ouy, Cesar, ie consacre vn Temple à ta vertu
Sur le triste débris de mon thrône abatu,
J'adore le sujet des maux dont ie soûpire,
Et ie donne vn autel à qui m'oste vn Empire:
Pardon si i'ay failly voulant parer tes coups,
Venans d'vn tel vainqueur ils deuoient m'estre dous:
Ton mérite à nos yeux s'est fait assez paroistre,
Antoine comme moy le deuoit recognoistre,
Il deuoit seconder tes desseins genereux,
Mais quoy s'il fut coupable, il estoit amoureux.

CESAR.

Excusez si mes faits vous ont cousté des larmes,

T ij

„ *On ne peut reprimer l'insolence des armes.*

CLEOPATRE continuë.

„ *L'amour, diuin Cesar, est vn puissant demon,*
„ *Qui n'en ressent la force en respecte le nom,*
„ *Nul ne peut s'exempter de son pouuoir suprême,*
Il s'est fait des sujets plus grands qu'Antoine mesme,
Le grand Cesar ton pere adora ce vainqueur,
Luy qui prit l'vniuers laissa prendre son cœur,
Luy qui fut le secours de mes premiers desastres,
Et dont l'œil ne voit rien de plus bas que les astres.
Dans la prosperité de ses graues desseins
Perdit la liberté qu'il ostoit aux Romains,
Ie captiuay son ame, il me fit sa maitresse
Par vn aueuglement plutost que par foiblesse.

CESAR.

S'il eut eu ce deffaut, sa gloire, & vos apas
Au Temple de l'estime auroient vn lieu plus bas.

CLEOPATRE continuë.

Sa puissante vertu iustement animée,
Au dessein de punir mon frere Ptolemée,
L'emmena dans ces lieux où nostre amour nâquit,
Mon œil le surmonta quand sa main nous vainquit:

Il fit

Il fit vn nom d'amant du titre d'auersaire,
Et rendit à la sœur, ce qu'il ostoit au frere,
Lors m'ayant pardonné, le magnifique don
D'vn sceptre & de son cœur fut joint à ce pardon.
Recognoissez ces traits, ces lettres que i'adore,
Elles sont de sa main, ie les conserue encore,
Voyez sa passion décrite en peu de lieu,
Et ce qu'vn dieu disoit pressé d'vn autre dieu.

Contemplez le portrait de ce foudre de guerre,
Voila comme il estoit quand il conquit la terre,
Quand il fit au Ciel mesme aprehender ses loix,
Et sous cette figure il aymoit toutefois,
L'amour n'abaissoit point le cœur de ce grand homme,
Vaincu qu'il en estoit il triomphoit à Rome,
Dans ce port doux & graue il conseille aux guerriers
De joindre auec honneur les myrthes aux lauriers.

Je l'adore, où plutost à vous ie rens hommage,
Puis que vous me semblez sa plus viuante image,
Renouuelle (mon cœur) ce qu'autrefois tu fis,
Et laissés-moy chercher le pere dans le fils.

(marginal notes, right column)
Elle luy montre des lettres de Iules Cesar.

Elle luy fait voir le tableau de Iules.

Elle se prosterne.

CESAR.

Esperés tout de moy.

CLEOPATRE en pleurant.

Je veux dans ma misere
V

LA CLEOPATRE

Obtenir deux faueurs, c'est tout ce que i'espere,
L'vne, que vous souffriés pour borner mon ennuy
Que ie retrouue Antoine en mourant comme luy,
C'est la moindre faueur que vous me puissiés faire.

CESAR.

Ie vous feray, Madame, éprouuer le contraire.

CLEOPATRE.

L'autre, que mes enfans soient moins infortunés,
Et qu'à vostre triomphe ils ne soient point menés,
Priués les des grandeurs, & des biens de leur pere,
Mais ne leur ostés pas le sceptre d'vne mere:
Ils n'aporteront point de trouble en vos projets,
Vous serés plus superbe ayant des Rois sujets.
Ainsi que vostre Etat goûte vne paix profonde,
Demeurés absolu sur le reste du monde,
Cette vertu qui rend par vn charme secret
L'obeyssance aueugle, & l'Empire discret,
Fasse voir sans flestrir vos lauriers, ny vos palmes,
Vostre vie assurée, & vos Prouinces calmes.

CESAR.

Ilsort.   Esperés de vous voir dans vos auersités,
Et vous, & vos enfans royalement traités.

CLEOPATRE.

Ce cruel ne m'a pas seulement regardée,
Dieux de quelles fureurs me sens-je possedée!
Ie voy bien qu'il faut faire auecque le trépas
Ce que ie n'ay pû faire auec tous mes apas.

V iij

CLEOPATRE
TRAGEDIE.

ACTE CINQVIEME.

SCENE I.

CLEOPATRE, Ses filles. EPAPHRODITE.

CLEOPATRE à Epaphrodite.

On esprit, ie l'auoüe, ô sage Epaphrodite,
Change par ses raisons ce que le mien medite,
Ton conseil salutaire à l'ennuy que ie sens,
Sçait bien anticiper dessus les droits du temps.
Regarde que depuis ton heureuse venuë
Mon ame se remet, que son dueil diminuë,
De tes sages discours mon cœur se sent flater,
Et cesse de se plaindre afin de t'écouter.
Ie craignois la rigueur de celuy qui me donte,
Tu m'ostes cette crainte, & m'en laisses la honte,

Si mon

Si mon œil baigne encor ce teint defiguré,
Il pleure seulement de ce qu'il a pleuré.

EPAPHRODITE.

Ce changement soudain m'étonneroit, Madame,
Si ie mécognoissois les forces de vostre ame,
Vostre esprit ne tient point d'vn esprit abatu
Dont la nature foible étouffe la vertu,
Le Ciel vous a veu faire vne sensible perte,
Vous en auez pleuré, mais vous l'auez soufferte,
Et mesme vous auez par vn rare pouuoir
Marié la raison auec le desespoir,
Et rendu par vos pleurs la nature contente,
Antoine satisfait, la vertu triomphante.

CLEOPATRE.

Le Ciel qui fit mon cœur propre à luy resister
Pour auoir plus d'honneur à me persecuter,
De crainte que sa gloire en fut moins estimée,
Ne m'attaqueroit pas s'il ne m'auoit armée.
Comme vn ennemy preste en son ardent courroux
A son ennemy nu dequoy parer ses coups,
Il s'opose à soy-mesme en l'honneur qu'il obserue,
Et desirant le perdre il veut qu'il se conserue.
Et puis en quelque sorte icy tout m'est rendu,

LA CLEOPATRE

Ie trouue dans Cefar le bien que i'ay perdu,
Et quoy que de mon fceptre vn tel vainqueur diſpoſe,
Ie ſouffre les effets d'vne ſi digne cauſe,
Ie ne murmure plus, mon eſprit ſe reſout,
Auſſi bien ſuis je à luy, puis qu'il doit gagner tout,
Que ſous luy l'Vniuers doit ceſſer d'eſtre libre;
Qu'il faut que l'Ocean vienne adorer le Tybre,
Et que pour acomplir les arreſts du deſtin
S'eſtende ſon pouuoir du couchant au matin,
Ie veux viure ou mourir ſi mon vainqueur l'ordonne,
Et ie mets à ſes pieds ma vie, & ma couronne.

EPAPHRODITÉ.

L'on ne ſe peut ſeruir d'vn charme plus puiſſant,
Et voſtre majeſté s'éleue en s'abaiſſant;
Quoy qu'en ce triſte iour le ſort vous importune,
L'amour peut releuer ce qu'abat la fortune,
Cefar peut n'vſer pas d'vn titre glorieux,
Il porte vn cœur, Madame, & vous auez des yeux.

CLEOPATRE.

Pour faire ce beau coup dont mon bien ſe limite
I'ay trop d'auerſitez, & trop peu de merite,
Non, non, ie ſuis moins vaine, & i'eſpere autrement.
Porte luy de ma part ce billet ſeulement,

Il contient vne affaire vn peu precipitée,
Que ie luy voulois dire alors qu'il m'a quittée.
Dy luy que ie suis preste à trauerser les mers,
A changer, s'il luy plaist, ma couronne en des fers,
Que ie veux, s'il témoigne en auoir quelque enuie,
Immoler à sa gloire, & la mienne, & ma vie,
Que ie luy sacrifie vn sceptre, & mes enfans,
Et suy ses pas vainqueurs, ou mesme triomphans.

EPAPHRODITE.

Madame, i'obeis.

CLEOPATRE.

Le Ciel soit ton salaire.

EPAPHRODITE.

Ie n'en recherche point que l'honneur de vous plaire.

SCENE II.

CLEOPATRE. ERAS. CHARMION.

CHARMION.

IL est sorty, Madame, & son éloignement
Vous donne le moyen de parler librement.

CLEOPATRE.

Aidons-nous du secours dont les dieux nous obligent,
Et vangeons nous sur nous de ceux qui nous affligent,
Puis que nous éloignons celuy de qui l'abord
Empeschoit nos desirs d'aprocher de la mort.
Deuant Epaphrodite il falloit vn peu feindre,
Et pour estre enfin libre il se falloit contraindre,
J'ay suspendu mes pleurs, i'ay déguisé mon cœur,
I'ay trahy mon amour, i'ay loüé mon vainqueur,
I'ay parlé contre Antoine, afin qu'on me pût croire,
Pour tromper l'ennemy i'ay blessé sa memoire,
Tu ne dois pas Antoine aussi t'en courroucer,
Parce que ie t'aymois il falloit t'offencer,
Auoir moins de tristesse, & plus d'indifference,
Vne semblable feinte endort la vigilance
De l'Argus importun que ie viens d'éloigner,
Et luy cache mon dueil pour te le témoigner.

ERAS.

Puis que Cesar, Madame, a de si fortes armes
Qu'il resiste à vos yeux aussi bien qu'à vos larmes,
Qu'amour, & la pitié chez luy n'ont point d'autels,
Qu'il surmonte les dieux comme il fait les mortels,
Puis qu'il est si cruel, & que rien ne le touche,

Pour n'estre plus en proye à ce tigre farouche,
Il faut d'vn beau trépas limiter nostre ennuy,
Et triompher de nous pour triompher de luy.

CLEOPATRE.

N'est-ce pas mon dessein?

CHARMION.

Que tardons-nous, Madame?
Suiuons vn Empereur, & dégageons nostre ame,
Que l'horreur du trépas ne nous puisse empescher,
,, La liberté vaut mieux quand elle couste cher:
Mourons quelque douleur qui nous puisse estre offerte,
Et cherchons le salut où l'on trouue la perte.

CLEOPATRE.

Je ne puis trop loüer vos genereux propos,
Mais leurs tristes effets blesseroient mon repos.
N'irritez point le Ciel, n'auançez point vostre heure,
Ne suiuez point mes pas, c'est assez que ie meure,
Vsez heureusement le fil de vos beaux iours,
Viuez aprés ma mort.

ERAS.

Nous vous suiurons toujours.

Y

LA CLEOPATRE

CHARMION.

Non, non, nostre destin sera conforme au vostre,
Arrestant vostre mort vous concluez la nostre.

CLEOPATRE.

Donc le Ciel adorable en ses faits merueilleux,
Qui m'auoit mis en main cet Empire orgueilleux,
Quoy qu'il m'en ait osté la marque souueraine,
Me faisant suiure ainsi, veut que ie meure en Reine?
Sa pitié fauorable à mes iustes projets
Me laisse des amis en m'ostant des sujets?
Mes filles, ie benis le coup qui nous assemble,
Je viuois auec vous, & nous mourrons ensemble,
Nos pas nous vont conduire en vn sejour de biens,
Ie suiuray ceux d'Antoine, & vous suiurez les miens.

ERAS.

De quel genre de mort choisirons nous la peine?
Je veux seruir d'exemple à nostre grande Reine,
Et ie veux qu'elle iuge en me voyant souffrir,
Si ie meurs à regret quand elle veut mourir:
Nous suffoquerons-nous? ou bien rendrons-nous l'amé
Comme cette Romaine aualant de la flame?

CHARMION.

On nous oſte les fers, les poiſons, & les feux,
Mais il nous reſte encor des mains & des cheueux.

CLEOPATRE.

Le Ciel veut que la mort doucement nous ſaiſiſſe,
Sa haine à cette fois nous l'a rendu propice,
Vn payſan m'aportant vn aſpic ſous des fruicts
Dont le venim ſubtil peut tuer nos ennuis.
Allons donç nous ſeruir du preſent qu'il me donne,
Preparez mes habits, mon ſceptre, & ma couronne,
Que mon lit ſoit ſuperbe, & n'ait point de pareil,
Puis que i'y vay dormir d'vn eterniel ſommeil,
Si la mort ne peut eſtre à nos yeux moins affreuſe,
Qu'elle paroiſſe au moins noble, riche, & pompeuſe.

SCENE II.
CESAR. AGRIPE.
CESAR.

A Grippe, elle eſt à nous, rien ne m'a ſurmonté,
I'ay fait ceder la force à la ſubtilité,
Et i'ay fait voir trompant cette fine auerſaire
Qu'à la vertu ſouuent le vice eſt neceſſaire.

Y ij

LA CLEOPATRE
AGRIPE.

Auoir pû reſiſter à de ſi forts apas?
Ce combat eſt plus grand que vos autres combas?
Auoir paré les traits d'vne Reine ſi belle?
Vaincre Antoine eſtoit moins que ſe deffendre d'elle,
Se détourner d'vn feu ſi ſubtil, & ſi prompt,
Ceſt le plus beau laurier qui ceigne voſtre front.

CESAR.

Mon cœur dans ces attraits où le plus fort s'engage
Eſt vn rocher batu des vents, & de l'orage:
Des ſoûpirs affectez, mille amoureux helas,
Que pour ne point aimer ie ne comprenois pas,
Tout ce qu'à d'artifice vne femme captiue
Vouloit me dérober le bien dont ie la priue,
Elle deuenòit pâlle, & changeoit de couleur,
Pleuroit par bienſeance autant que par douleur,
Vſoit de ces regars qui ſurprennent les ames,
Et de ſes yeux moüillez faiſoit ſortir des flames,
Pour me le faire voir vouloit meurtrir ſon ſein,
Et parmy tout cela i'ignorois ſon deſſein,
Elle ne s'efforçoit en ſe faiſant plus belle,
Qu'à me rendre vaincu, moy qu'à triompher d'elle.
AGRIPPE.

AGRIPE.

„ *Aux combats où l'amour attaque, & presse vn cœur,*
„ *La palme est au plus lâche, & qui fuit est vainqueur,*
„ *De cent diuers moyens ce rusé peut surprendre,*
„ *Et le voulant combatre on médite à se rendre.*
Suiuez donc le chemin qu'on voit que vous tenez,
Sans détourner vos pas, sans voir qui vous menez:
Ayant derriere vous ce superbe trophée,
Quand elle vous suiura n'imitez pas Orphée,
Il perdit Euridice ayant tourné les yeux,
Et Cesar pourroit perdre vn bien plus precieux:
Il falloit toutefois pour mieux secher ses larmes
Vous feindre habilement esclaue de ses charmes.

CESAR

Elle qui sçait qu'amour ne m'a iamais atteint,
Cognoissant mon humeur eut veu que i'eusse feint,
Seulement ay-ie dit, pour adoucir sa peine,
En prenant congé d'elle, esperez, belle Reine,
Et i'ay leu dans ses yeux le vray contentement
Que son ame a gousté d'vn si doux compliment.

AGRIPE

Vous l'auez bien trompée.

Z

CESAR.

Vne telle visite.---

Mais quelle occasion amene Epaphrodite?

SCENE IV.

EPAPHRODITE. CESAR. AGRIPE.

EPAPHRODITE.

I'Auois charge, ô Cesar! d'adoucir des malheurs,
De consoler la Reine, & de secher ses pleurs,
Mais les pleurs ne sont pas son plus triste exercice,
Aussi vous me deuiez donner vn autre office,
Et m'enuoyer plutost vers vn objet si beau
Pour eteindre du feu que pour tarir de l'eau.
Je croy que de sa part ce billet vous va dire
Que vous gagnez vn cœur aussi bien qu'vn Empire.

CESAR.

Deuiez-vous l'eloigner?

EPAPHRODITE.

Ne la soupçonnez pas,
Allez iusques dans Rome elle suiura vos pas,
Son amour aueuglé prefere à sa couronne

Le superbe renom que sa honte vous donne,
Vous plaisant elle regne, & son ambition
Se termine en l'honneur de vostre affection.

CESAR.

Estrange passion que l'on ne peut contraindre!
Agripe, en verité ie commence à la plaindre
La perte de son sceptre est l'effet de mon heur,
Mais ie deplore vn mal quand ie m'en sens l'autheur:
Aussi ie receurois vne honteuse tâche,
Et i'aime encore mieux estre inhumain que lâche,
I'ay bien sceu resister aux charmes de sa voix,
Elle m'écrit en vain, mais voyons toutefois.

LETTRE DE CLEOPATRE A CESAR.

CEsar, ie suis lasse de viure,
Antoine est mort, ie le veux suiure,
Iuge que mon dessein est genereux & beau,
Et pour fauoriser Cleopatre asseruie,
Comme enuiuant tous deux nous n'eûmes qu'vne vie,
Fay que nous n'ayons qu'vn tombeau.

Pour vn sujet d'amour voila des mots bien fermes,
Dans ce mouuement lâche vse-t'on de ces termes?
Sans doute en cet écrit où i'ay l'œil attaché

LA CLEOPATRE

C'est la vertu qui parle, & non pas le peché,
C'est le ressentiment d'une ame genereuse
Des beautez du trépas seulement amoureuse.

AGRIPE.

Cette femme est subtille, & les traits de sa main
Temoignent que son cœur brasse un mauuais dessein.

EPAPHRODITE.

Son ame à la douleur ne se met plus en proye,
Et son front est le siege où preside la ioye.

AGRIPE.

Croyez que le visage en déguise l'esprit,
,, Il se faut deffier d'un affligé qui rit,
,, Souuent le desespoir tâche de se contraindre,
,, Et le flambeau luit mieux estant prest de s'éteindre.
Cette prompte alegresse a la mort pour objet,
Et l'espoir qu'on luy donne est moins que son projet,
Quoy qu'un tel changement monstre qu'elle ait enuie
De vous plaire, ô Cesar! & de cherir sa vie,
Peut-estre qu'elle trame un dessein different,
Et qu'imitant le cigne elle chante en mourant.

EPAPHRODITE.

Quand elle suspendroit sa tristesse, & ses larmes,

Que

Que peut contre ſa vie vn deſeſpoir ſans armes?

CESAR.

Oſtez le fer, la flame, éloignez de ſes yeux
Tout ce que la nature a de pernicieux,
Et qui d'vn miſerable acourcit la miſere,
Les poiſons, les venins, elle ſe peut deffaire,
Si vous n'en arrachez le projet de ſon ſein,
Et vous luy laiſſez tout luy laiſſant le deſſein.
„ Le deſeſpoir eſt fort dans l'eſprit d'vne femme,
Empeſchons qu'il n'agiſſe, & retenons ſon ame,
Qu'elle ne cede pas à ſes puiſſans efforts,
C'eſt l'ame de ma gloire ainſi que de ſon corps.

SCENE V.

CLEOPATRE.   Ses filles.

CLEOPATRE.

QVe nos deſtins ſont doux! que la mort a de
charmes!
Je n'oy point de ſoûpirs, ie ne voy point de larmes,
Nous ne redoutons point l'aproche du trépas,
Et cette horreur commune a pour nous des apas:
La mort tient ſous ſes pieds la fortune aſſeruie,

A a

Je la voy du mesme œil qu'vn autre voit la vie,

Elle qui rauit tout ne nous priue de rien,

Sa bonté seulement nous procure du bien,

Et retranche de nous par vne adresse promte

La partie où s'attache & le mal, & la honte :

Pour la peur d'vn Tyran nous courons à ce port,

Nous allons nous sauuer dans les bras de la mort,

Nous fuyons cet Empire à qui tout rend hommage,

Qui veut faire de nous ce qu'il fit de Cartage,

Pour qui l'on voit le Ciel, & la terre s'armer,

Les campagnes rougir, & les villes fumer,

Enfin nous fuyons Rome apres cette victoire,

Et nous n'y voulons pas voir mourir nostre gloire,

Nos generositez l'empeschent de perir,

Et nous la conseruons afin d'en aquerir.

D'vn thrône ruiné ie me bastis vn Temple,

Je gagne dans ma perte, imitez mon exemple,

De crainte que Cesar ne vous attire à soy,

Et qu'vn Tyran sur vous ne triomphe de moy :

Montrāt son sceptre. J'emporte malgré luy cette superbe marque,

Je descends de mon thrône au sejour de la Parque,

Et quoy que l'inhumain s'efforce de m'oster

Ma couronne, & mon sceptre, il n'en fait qu'heriter :

Mes yeux pour le flechir ont employé leurs charmes,

Ils ont lancé des feux, ils ont versé des larmes,
J'ay trahy mon Antoine, & i'ay donné les pleurs
Deubs à son souuenir à mes propres malheurs,
A de foibles attraits mon âme s'est fiée,
Cesar m'a fait faillir, & m'en a châtiée,
Et comme ie voulois qu'il deuint mon amant,
Le sujet de mon crime en est le châtiment,
Ainsi ma gloire est morte, on ne me la peut rendre,
I'ay vescu pour la perdre, & meurs pour la defendre :
J'ay voulu soûpirer pour des objets nouueaux,
Et d'vn second hymen r'allumer les flambeaux ;
N'est-ce pas là ternir l'honneur qui me renomme ?
Apres cette action dois-ie auoir peur de Rome ?
Non, non, d'ailleurs la honte augmente mon ennuy,
Ie n'ay peur que d'Antoine, & pourtant ie le fuy.

ERAS.

Ce n'est pas mon dessein comme lâche, & peureuse,
De vous dissuader vne mort genereuse,
Au contraire, Madame, en cette extremité
Ie seruirois d'exemple à vostre majesté,
Et ie croirois luy rendre vn seruice fidelle
Me faisant homicide, & de moy-mesme, & d'elle,
Aussi ne faut-il pas qu'vn peu d'emotion

Des honore en ce lieu nostre belle action,
Action qui s'imprime au front de la memoire,
Dont vne seule larme effaceroit la gloire.
Permettez donc qu'icy ie deuance vos pas,
Ainsi quand vous mourrez ie ne pleureray pas,
Souffrez que ie sois ferme, & que ma vertu brille,
En vous voyant mourir i'aurois peur d'estre fille.

CHARMION.

Que ce soit moy, Madame, ou le bras de la mort,
Exerce la rigueur de son premier effort,
Si iamais vous seruant i'eus l'honneur de vous plaire,
Acordez-moy ce bien, que ce soit mon salaire,
Les dieux ne sont en vain si long-temps supliez,
Voyez moy de ce pas tomber morte à vos pieds.

CLEOPATRE.

Quoy pour voir ces bas lieux où tout mortel deuale,
L'ordre en est different, & la suitte ihegale?
Quoy qui meurt le premier est le plus glorieux,
Et mesme le trépas fait des ambitieux?
Ainsi la raison veut que vous marchiez derriere,
Et l'honneur m'appartient de mourir la premiere,
Cherchons en le moyen: Te voila donc serpent,
De mon sort affligé l'espoir bas & rampant?

Elle
prend
l'aspic.

Cet

Cet aigle qui si haut s'éleue dans la nuë,
Et sur tout l'Vniuers tient son aile étenduë,
Va succomber sous toy, tu restes le plus fort,
Tu luy rauis sa gloire en me donnant la mort,
Tu m'empesches de voir le riuage du Tibre,
Sans toy i'ay vescu Reine, & par toy ie meurs libre.
Mais d'où vient que mon cœur craint & fuit son repos?
Quelle subite horreur se glisse dans mes os?
Indigne mouuement! c'est lâchement se rendre,
Attaque, & mords ce bras, il ne m'a pû deffendre,
S'il eut eu plus de force, il me seroit plus cher,
Et la nature ailleurs le deuoit attacher.

Elle se fait mordre

E R A S.

Madame, qu'auec vous ie quite la lumiere,
Non, non, ie veux, ma sœur, la suiure la premiere,
Et c'est à moy l'honneur de ce second trépas,
O mort! depesche-toy que ie ne pleure pas.

C H A R M I O N.

Ie verray la vertu dont vous estes pourueuë,
La mienne va parestre, & ne sera point veuë,
Ma constance fera des efforts superflus,
Et sera sans témoins en paressant le plus?

Bb

LA CLEOPATRE

CLEOPATRE.

Que Cesar est trompé, qu'il perd dans sa victoire,
Que sa froideur seuere est fatale à sa gloire,
Voyez qu'en refusant l'honneur de mes liens.
Il me dégage aussi de la honte des siens,
Ses projets, & les miens sont reduits en fumée,
Il ne triomphe pas, ie n'en suis point aymée.
Mais déja les enfers s'ouurent dessous mes pas,
Ie voy l'ombre d'Antoine, elle me tend les bras,
La mort me rend l'objet de mon amour extrême,
Et ne voyant plus rien ie voy tout ce que i'aime,
Qu'auec peu de regret ie vay quitter ce lieu,
Mes filles, ie vous dis vn eternel adieu.
Ie sens bien que la mort acheue mon martyre,
Portez moy sur mon lit qu'à mon aise i'expire.

ERAS.

Ie vous suis au chemin que vous allez tenir?

CHARMION.

I'ay bien peur que mon rang ne soit long à venir.

SCENE VI.

CESAR. EPAPHRODITE. AGRIPE.

CESAR à Epaphrodite.

Courez y promptement, qu'est-ce qui vous retarde?
Voyez ce qu'elle fait, & r'enforcez sa garde,
Precipitez vos pas, faites ce qu'il me plaist,
Et me reuenez dire en qu'elle état elle est.
Quelque sens que ie donne à ce qu'elle me mande,
I'y trouue des sujets qui font que i'aprehende.
O dieux! aurois-ie veu tant de peuples soumis?
Aurois-ie surmonté tant de Rois ennemis,
Pour tâcher mon honneur de cette honte infame?
Quoy Cesar n'auroit pû triompher d'vne femme?
I'aurois fait peu d'ouurage, & i'attendrois en vain
Des honneurs du Senat, & du peuple Romain,
Rome seroit iniuste, & ma gloire friuole,
Ouy ie serois honteux de voir le Capitole,
On ne croiroit iamais ce que mon bras a fait,
Et l'on pourroit douter qu'Antoine fut deffait.

AGRIPE.

Vous pensez qu'vne femme est foible, & ne peut nuire,
Et qui fut le plus fort Hercule ou Deianire?
Le pouuoir de ce sexe est par tout recognu,

Car, mais Epaphrodite est bien tost reuenu.

EPAPHRODITE.

Acourez, ô Cesar ! tout le monde est en peine,
On ne sçauroit ny voir, ny parler à la Reine,
Elle n'a point de fer, ny de poison sur soy,
Mais sa chambre est fermée, & ie ne sçay pourquoy,
L'on n'y sçauroit entrer qu'on n'en rompe la porte,
Et nous n'oserions pas en vser de la sorte,
Craignant de profaner par ce peu de respect
La majesté du lieu.

CESAR.

Tout cecy m'est suspect,
Allons tout de ce pas contenter nostre enuie,
Et regretter sa mort, ou conseruer sa vie.

SCENE VII.

CHARMION.

En tire
vn ri-
deau,&
Cleo-
patre
parée,
est sur
vn beau
it, Eras
à ses
pieds.

ENfin i'auray le bien qu'elles ont obtenu,
Enfin ie reste seule, & mon rang est venu:
Deuant que ie vous suiue, & que mon ame sorte
Ie vous ferme les yeux, & ie vous baise morte,
Ie rends les saints deuoirs à ce corps precieux,
Ainsi vostre trépas fait le mien glorieux,

I'ay

I'ay cet honneur, Madame, & du moins ie celebre,
Auant que de mourir vostre pompe funebre,
Ie vous rends venerable à l'Empire Romain,
Et vostre diadême affermy par ma main.
Toy qu'elle cherissoit, fidelle confidente,
Reçoy morte vn baiser d'vne bouche viuante,
I'ay sur toy l'auantage en ce dernier trépas
De te faire vn present que tu ne me rends pas.
Mais par ce doux venin mes sens sont en diuorce,
Et deja dans mon corps s'étend & croist sa force,
Il m'assoupit, me cause vne douce langueur,
Et m'estant fauorable il va gagner mon cœur,
Il nous mene à la mort par vn grâcieux somme,
C'est vn chemin plus beau que le chemin de Rome.
Mais d'où vient ce grand bruit? la porte va s'ouurir,
Nimporte, on ne peut plus m'empescher de mourir.

Elle rafermit la couronne de Cleopatre.

Elle bal se Etas.

Elle chasse celle.

SCENE VIII. & derniere.

CESAR. AGRIPE CHARMION.

CESAR entrant dans la chambre,
& voyant Cleopatre morte.

Dort-elle, ou si la Parque à finy sa misere?
Ie ne puis discerner la sœur d'auec le frere.

Cc

LA CLEOPATRE

Ses yeux ont-ils encor les charmes qu'ils ont eus?
Aprochons, elle est morte, & nous sommes vaincus:

A Char-
mion.
Que n'auiez vous le soin de retenir son ame,
Faut-il préter main forte à ce projet infame?
Pourquoy n'empeschiez-vous qu'il fut executé.

CHARMION tombant morte.

Il est digne de nous, & de sa majesté.

CESAR.

La superbe responce! elle tombe expirée,
O genereuse fille! ô chose inesperée!
Ha qu'vne mort iniuste en ce fatal moment,
Dérobe à mon triomphe vn superbe ornement!
Cleopatre n'est plus? quoy Cesar la perduë?
Ie n'ay sceu triompher d'vne femme vaincuë?
O honte! ô des-honneur! peuple Romain, Senat,
Qui voulez que ma gloire ait de vous son éclat,
Ne vous amusez point à me faire vne entrée,
Ce n'est pas la raison que Rome soit parée;
Ie refuse l'honneur que vous me decernez,
Et vous me faites tort si vous me couronnez.

AGRIPE.

Permettez que vostre ame ait des transports contraires?

Et quoy des ennemis sont-ils si necessaires?
Rome sera contente, & rauie en son cœur
Du tableau des vaincus, & du front du vainqueur,
C'est ce qu'elle demande.

CESAR.

                            O la noble auenture!
Que vainqueur en effet ie triomphe en peinture,
I'eusse esté glorieux si la Reine eut vécu,
Mais les Romains diront, il dit qu'il a vaincu.

AGRIPE.

Souffrez cet accident, vostre honneur n'eut pû croistre,
Vos ennemis sont morts, vous demeurez le maistre,
Nous verrons dans vos mains l'Empire florissant,
Le Ciel s'étonnera de vous voir si puissant,
Et de voir eleué si haut l'aigle de Rome,
Quoy qu'il ne soit posé que sur le front d'vn homme.

CESAR.

Ie sçay bien que ma gloire est en son plus haut point,
Mais ce bel ornement y deuoit estre joint :
Ie la plains toutefois, mon cœur n'est pas de roche
Contre les traits puissans que la pitié décoche :

Cc ij

LA CLEOPATRE.

Je n'ose voir ses yeux de tenebres couuerts,
Ils peuuent plus fermez qu'ils ne firent ouuerts,
Je ne voy plus ces lys meslez auec des roses,
Ha que Rome à ma suite eut veu de belles choses!
D'vn double mouuement ie me sens combatu,
Dois-ie plaindre sa perte, ou loüer sa vertu?
La mort de Cleopatre est genereuse, & belle.
Je la plains pour moy seul, ie l'estime pour elle,
Qui pourroit détourner le cours de ces malheurs,
Et qui se garderoit d'vn aspic sous des fleurs?
Apper-
ceuant
l'aspic.*Mais, ne regrettons plus vn malheur sans remede,*
Ne montrons point au sort que mon pouuoir luy cede,
Jnhumons ce beau corps, palle, immobile, froid,
Et rendons des honneurs à qui m'en preparoit.

F I N.